René Guénon

ORIENTE Y OCCIDENTE

René Guénon
(1886-1951)

Oriente y Occidente
1924

Título original: *"Orient et Occident"*
Primera publicación en 1924 - Paris, Payot

Publicado por
OMNIA VERITAS LTD

www.omnia-veritas.com

PREFACIO 7

PRIMERA PARTE 19
    ILUSIONES OCCIDENTALES 19
    CAPÍTULO I 21
        CIVILIZACIÓN Y PROGRESO 21
    CAPÍTULO II 43
        LA SUPERSTICIÓN DE LA CIENCIA 43
    CAPÍTULO III 76
        LA SUPERSTICIÓN DE LA VIDA 76
    CAPÍTULO IV 98
        TERRORES QUIMÉRICOS Y PELIGROS REALES 98

SEGUNDA PARTE 119
    POSIBILIDADES DE ACERCAMIENTO 119
    CAPÍTULO I 121
        TENTATIVAS INFRUCTUOSAS 121
    CAPÍTULO II 147
        EL ACUERDO SOBRE LOS PRINCIPIOS 147
    CAPÍTULO III 170
        CONSTITUCIÓN Y FUNCIÓN DE LA ÉLITE 170
    CAPÍTULO IV 192
        ENTENDIMIENTO Y NO FUSIÓN 192

CONCLUSIÓN 215

ADDENDUM 229

René Guénon

PREFACIO

Rudyard Kipling escribió un día estas palabras: *East is East and West is West, and never the twain shall meet*, literalmente «Oriente es Oriente y Occidente es Occidente, y los dos no se encontrarán nunca». Es cierto que, en la continuación del texto, modifica esta afirmación, admitiendo que «la diferencia desaparece cuando dos hombres fuertes se encuentran cara a cara después de haber venido de las extremidades de la tierra», pero, en realidad, ni siquiera esta modificación es muy satisfactoria, ya que es muy poco probable que el autor haya pensado ahí en una «fuerza» de orden espiritual. Sea como sea, la costumbre es citar el primer verso aisladamente, como si todo lo que quedara en el pensamiento del lector fuera la idea de la diferencia insuperable expresada en este verso; no se puede dudar que esta idea representa la opinión de la mayoría de los Europeos, y en ella se siente apuntar todo el despecho del conquistador que está obligado a admitir que aquellos a quienes cree haber vencido y sometido llevan en sí algo sobre lo que no podría tener ningún poder. Pero, cualquiera que sea el sentimiento que puede haber dado nacimiento a una tal opinión, lo que nos interesa ante todo, es saber si esta opinión está fundada, o en qué medida lo está. Ciertamente, al considerar el actual estado de las cosas, se encuentran múltiples indicios que parecen justificarla; y sin embargo, si fuéramos enteramente de esta opinión, y si pensáramos que ya no es posible ningún acercamiento y que ya no lo será nunca, no habríamos emprendido el escribir este libro.

Quizás más que ninguna otra persona, tenemos consciencia de toda la distancia que separa Oriente y Occidente, sobre todo el Occidente moderno; por lo demás, en nuestra *Introducción general al estudio de las doctrinas hindúes*, hemos insistido particularmente sobre las diferencias, hasta tal punto que algunos han podido creer en alguna exageración por nuestra parte. Sin embargo, estamos persuadidos de que no hemos dicho nada que no fuera rigurosamente exacto; y al mismo tiempo, en nuestra conclusión, considerábamos las condiciones de un acercamiento intelectual que, con ser verdaderamente muy lejano, no por ello nos parecía como menos posible. Así pues, si nos hemos levantado contra las falsas asimilaciones que han intentado algunos occidentales, es porque éstas no son uno de los menores obstáculos que se oponen a este acercamiento; cuando se parte de una concepción errónea, los resultados van frecuentemente en contra de la meta que uno se ha propuesto. Al negarse a ver las cosas tales como son y a reconocer algunas diferencias al presente irreductibles, uno se condena a no comprender nada de la mentalidad oriental, y así no se hace más que agravar y perpetuar los malentendidos, cuando sería menester dedicarse ante todo a disiparlos. Mientras los occidentales se imaginen que no existe más que un solo tipo de humanidad, y que no hay más que una sola «civilización» en diversos grados de desarrollo, no será posible ningún entendimiento. La verdad es que hay civilizaciones múltiples, que se despliegan en sentidos muy diferentes, y que la civilización del Occidente moderno presenta caracteres que hacen de ella una excepción bastante singular. Admitiendo incluso que sean efectivamente comparables, no se debería hablar nunca de superioridad o de inferioridad de una manera absoluta, sin precisar bajo qué aspecto se consideran las cosas que se quieren comparar. No hay civilización que sea superior a las demás bajo todos los aspectos, porque al hombre no le es posible aplicar igualmente, y a la vez, su actividad en todas las direcciones, y porque hay desarrollos que aparecen como verdaderamente incompatibles. Únicamente, es permisible pensar que hay que observar una cierta jerarquía, y que las cosas del orden intelectual, por ejemplo, valen más que las del orden material; si ello es así, una civilización que se muestra inferior bajo el primer aspecto, aunque sea incontestablemente superior bajo el segundo, se encontrará aún desaventajada en el conjunto, cualesquiera que puedan ser las apariencias exteriores; y tal es el caso de la civilización occidental, si se la compara a las civilizaciones orientales. Sabemos bien que esta manera de ver choca a la gran mayoría de los occidentales, porque es contraria a todos sus prejuicios; pero, aparte de toda cuestión de superioridad, es menester que admitan al menos que las cosas a las que los occidentales atribuyen la mayor importancia no interesan forzosamente a todos los hombres al mismo grado, que algunos pueden tenerlas incluso como perfectamente desdeñables, y que se puede hacer prueba de inteligencia de otro modo que construyendo máquinas. Ya sería algo si los europeos llegaran a comprender eso y si se comportaran en consecuencia; sus relaciones con los demás pueblos se encontrarían algo modificadas por ello, y de una manera muy ventajosa para todo el mundo.

Pero ese no es más que el lado más exterior de la cuestión: si los occidentales reconocieran que no todo es forzosamente despreciable en las demás civilizaciones por la única razón de que difieren de la suya, nada les impediría ya estudiar esas civilizaciones como deben serlo, queremos decir, sin una toma de partido por la denigración y sin hostilidad preconcebida; y entonces algunos de entre ellos no tardarían quizás en apercibirse, por este estudio, de todo lo que les falta a ellos mismos, sobre todo desde el punto de vista puramente intelectual. Naturalmente, suponemos que esos habrían llegado, en una cierta medida al menos, a la comprehensión verdadera del espíritu de las diferentes civilizaciones, lo que requiere otra cosa que trabajos de simple erudición; sin duda, todo el mundo no es apto para una tal comprehensión, pero, si algunos lo son, como es probable a pesar de todo, eso puede bastar para acarrear pronto o tarde resultados apreciables. Ya hemos hecho alusión al papel que podría jugar una elite intelectual, si llegara a constituirse en el mundo occidental, donde actuaría a la manera de un «fermento» para preparar y dirigir en el sentido más favorable una transformación mental que devendrá inevitable un día u otro, se la quiera o no. Por lo demás, algunos comienzan a sentir más o menos confusamente que las cosas no pueden continuar yendo indefinidamente en el mismo sentido, e incluso a hablar de una «quiebra» de la civilización occidental, lo que nadie se hubiera atrevido a hacer hace pocos años; pero las verdaderas causas que pueden provocar esta quiebra parecen escapárseles aún en gran parte. Como, al mismo tiempo, estas causas son precisamente las que impiden todo entendimiento entre Oriente y Occidente, se puede sacar de su conocimiento un doble beneficio: trabajar para preparar ese entendimiento, es esforzarse también en desviar las catástrofes por las que Occidente está amenazado debido a su propia culpa; esos dos fines están mucho más cercanos de lo que se podría creer. Así pues, no es hacer obra de crítica vana y puramente negativa denunciar, como nos proponemos hacerlo aquí en primer lugar, los errores y las ilusiones occidentales; en esta actitud, hay razones mucho más profundas, y a eso no le aportamos ninguna intención «satírica», lo que, por lo demás, convendría muy poco a nuestro carácter; si hay quienes han creído ver en nós algo de ese género, se han equivocado extrañamente. Por nuestra parte, querríamos mucho mejor no tener que librarnos a este trabajo más bien ingrato, y poder contentarnos con exponer algunas verdades sin tener que preocuparnos nunca de las falsas interpretaciones que no hacen más que complicar y embrollar la cuestión como por gusto; pero nos es forzoso tener en cuenta estas contingencias, puesto que, si no comenzamos por despejar el terreno, todo lo que podríamos decir correrá el riesgo de permanecer incomprendido. Por lo demás, incluso allí donde parezca que sólo estamos descartando errores o respondiendo a objeciones, podemos no obstante encontrar la ocasión de exponer cosas que tengan un alcance verdaderamente positivo; y, por ejemplo, mostrar por qué ciertas tentativas de acercamiento entre Oriente y Occidente han fracasado, ¿no es hacer entrever ya, por contraste, las condiciones en las que una tal empresa sería susceptible de prosperar? Así pues, esperamos que nadie se equivoque sobre nuestras intenciones; y, si no buscamos disimular las dificultades y los obstáculos, si al contrario insistimos en ellos, es porque, para poder aplanarlos o remontarlos, es menester ante todo conocerlos. No podemos detenernos en consideraciones demasiado secundarias, ni preguntarnos lo que agradará o desagradará a cada quien; la cuestión que consideramos es mucho más seria, incluso si uno se limita a lo que podemos llamar sus aspectos exteriores, es decir, a lo que no concierne al orden de la intelectualidad pura.

En efecto, no entendemos hacer aquí una exposición doctrinal, y lo que diremos será, de una manera general, accesible a un mayor número que los puntos de vista que hemos tratado en nuestra *Introducción general al estudio de las doctrinas hindúes*. No obstante, esa obra misma no ha sido escrita de ninguna manera para algunos «especialistas»; si ha ocurrido que su título ha inducido a error a este respecto, es porque estas cuestiones son ordinariamente el patrimonio de los eruditos, que las estudian de una manera más bien cargante y, a nuestros ojos, sin interés verdadero. Nuestra actitud es completamente otra: para nós no se trata esencialmente de erudición, sino de comprehensión, lo que es totalmente diferente; no es entre los «especialistas» donde se tienen más opciones de encontrar las posibilidades de una comprehensión extensa y profunda, lejos de eso, y, salvo muy raras excepciones, no es con ellos con quienes sería menester contar para formar esa elite intelectual de la que hemos hablado. Quizás haya quienes han encontrado mal que ataquemos a la erudición, o más bien a sus abusos y a sus peligros, aunque nos hayamos abstenido cuidadosamente de todo lo que habría podido presentar un carácter polémico; pero una de las razones por las que lo hemos hecho, es precisamente porque esa erudición, con sus métodos especiales, tiene como efecto desviar de algunas cosas a aquellos mismos que serían los más capaces de comprenderlas. Muchas gentes, al ver que se trata de las doctrinas hindúes, y pensando inmediatamente en los trabajos de algunos orientalistas, se dicen que «eso no es para ellos»; ahora bien, ciertamente, hay quienes cometen un gran error al pensar así, y a quienes no les sería menester mucho esfuerzo, quizás, para adquirir conocimientos que faltan y que faltarán siempre a esos mismos orientalistas: la erudición es una cosa, el saber real es otra muy diferente, y, si no son siempre incompatibles, tampoco son necesariamente solidarios. Ciertamente, si la erudición consintiera en atenerse al rango de auxiliar que debe corresponderle normalmente, no encontraríamos nada más que decir a su respecto, puesto que por eso mismo dejaría de ser peligrosa, y puesto que entonces podría tener alguna utilidad; así pues, en estos límites, reconoceríamos gustosamente su valor relativo. Hay casos en los que el «método histórico» es legítimo, pero el error contra el que nos hemos levantado consiste en creer que es aplicable a todo, y en querer sacar de él otra cosa que lo que puede dar efectivamente; pensamos haber mostrado ya en otra parte[1], y sin habernos puesto en contradicción con nós mismos, que somos capaces, cuando es menester, de aplicar ese método tan perfectamente como cualquier otro, y eso debería bastar para probar que no somos en modo alguno un partidista. Cada cuestión debe ser tratada según el método que conviene a su naturaleza; y es un singular fenómeno que esta confusión de los diversos órdenes y de los diversos dominios sea el espectáculo habitual que nos da el Occidente moderno. En suma, es menester saber poner cada cosa en su lugar, y por nuestra parte no hemos dicho nunca nada más; pero, al hacerlo así, uno se apercibe forzosamente de que hay cosas que no pueden ser más que secundarias y subordinadas en relación a otras, a pesar de las manías «igualitarias» de algunos de nuestros contemporáneos; y es así como la erudición, allí mismo donde es válida, no podría constituir nunca para nós más que un medio, y no un fin en sí misma.

---

[1] *El Teosofismo, historia de una pseudoreligión*.

Estas pocas explicaciones nos han parecido necesarias por varias razones: primero, tenemos que decir lo que pensamos de una manera tan clara como nos sea posible, y cortar de raíz todo equívoco que llegue a producirse a pesar de nuestras precauciones, lo que es casi inevitable. Aunque reconociendo generalmente la claridad de nuestras exposiciones, se nos han prestado a veces intenciones que no hemos tenido nunca; tendremos aquí la ocasión de disipar algunos equívocos y de precisar ciertos puntos sobre los que quizás no nos habíamos explicado suficientemente con anterioridad. Por otra parte, la diversidad de los temas que tratamos en nuestros estudios no impide la unidad de la concepción que los preside, y tenemos que afirmar también expresamente esa unidad, que podría no ser apercibida por aquellos que consideran las cosas muy superficialmente. Estos estudios están incluso tan ligados entre sí que, sobre muchos de los puntos que abordaremos aquí, habríamos debido, para más precisión, remitir a las indicaciones complementarias que se encuentran en nuestros otros trabajos; pero no lo hemos hecho más que allí donde eso nos ha parecido estrictamente indispensable, y, para todo lo demás, nos contentaremos con esta advertencia dada de una vez por todas y de una manera general, a fin de no importunar al lector con referencias demasiado numerosas. En el mismo orden de ideas, debemos hacer observar también que, cuando no hemos juzgado a propósito dar a la expresión de nuestro pensamiento un matiz propiamente doctrinal, por eso no nos hemos inspirado menos constantemente en las doctrinas cuya verdad hemos comprendido: es el estudio de las doctrinas orientales el que nos ha hecho ver los defectos de Occidente y la falsedad de muchas ideas que tienen curso en el mundo moderno; es ahí, y ahí solamente, donde hemos encontrado, como ya hemos tenido la ocasión de decirlo en otra parte, cosas de las que el Occidente no nos ha ofrecido nunca el menor equivalente.

En esta obra, como en las otras, no tenemos la pretensión de agotar todas las cuestiones que tendremos que considerar; nos parece que no se nos puede reprochar no ponerlo todo en un solo libro, lo que, por lo demás, nos resultaría completamente imposible. Lo que aquí sólo indicaremos, podremos quizás retomarlo y explicarlo más completamente en otra parte, si las circunstancias nos lo permiten; si no, eso podrá al menos sugerir a otros reflexiones que suplirán, de una manera muy provechosa para ellos, los desarrollos que nós mismo no hayamos podido aportar. Hay cosas que a veces es interesante anotar incidentalmente, cuando uno no puede extenderse en ellas, y no pensamos que sea preferible pasarlas enteramente bajo silencio; pero, conociendo la mentalidad de algunas gentes, creemos deber advertir que es menester no ver en esto nada de extraordinario. Sabemos muy bien lo que valen los supuestos «misterios» de los que se ha abusado tan frecuentemente en nuestra época, y que no son tales más que porque aquellos que hablan de ellos son los primeros en no comprender nada; no hay verdadero misterio más que en lo que es inexpresable por naturaleza misma. No obstante, no queremos pretender que toda verdad sea siempre igualmente buena de decir, y que no haya casos en los que una cierta reserva se imponga por razones de oportunidad, o que no haya cosas que sería más peligroso que útil exponerlas públicamente; pero eso no se encuentra más que en algunos órdenes de conocimiento, en suma bastante restringidos, y por lo demás, si nos ocurre a veces hacer alusión a cosas de este género[2], no dejamos de declarar formalmente lo que es, sin hacer intervenir nunca ninguna de esas prohibiciones quiméricas que los escritores de algunas escuelas exhiben a propósito de todo, ya sea para provocar la curiosidad de sus lectores, ya sea simplemente para disimular su propia confusión. Tales artificios nos son completamente extraños, no menos que las ficciones puramente literarias; no nos proponemos más que decir lo que es, en la medida en que lo conocemos, y tal como lo conocemos. No podemos decir todo lo que pensamos, porque eso nos llevaría frecuentemente muy lejos de nuestro tema, y también porque el pensamiento rebasa siempre los límites de la expresión donde uno quiere encerrarle; pero no decimos nunca más que lo que pensamos realmente. Por eso es por lo que no podríamos admitir que se desnaturalicen nuestras intenciones, que se nos haga decir otra cosa que lo que decimos, o que se busque descubrir, detrás de lo que decimos, no sabemos bien qué pensamiento disimulado o disfrazado, que es perfectamente imaginario. Por el contrario, estaremos siempre reconocidos a aquellos que nos señalen puntos sobre los que les parezca deseable tener aclaraciones más amplias, y nos esforzaremos en darles satisfacción a continuación; pero es menester que quieran esperar a que tengamos la posibilidad de hacerlo, que no se apresuren a concluir con datos insuficientes, y, sobre todo, que se guarden de

---

[2] Eso nos ha ocurrido efectivamente en varias ocasiones en nuestra obra sobre *El error espiritista*, a propósito de algunas investigaciones experimentales cuyo interés no nos parece compensar sus inconvenientes, y cuya preocupación por la verdad nos obligaba no obstante a indicar su posibilidad.

hacer responsable a ninguna doctrina de las imperfecciones o de las lagunas de nuestra exposición.

René Guénon

PRIMERA PARTE

ILUSIONES OCCIDENTALES

René Guénon

Capítulo I

CIVILIZACIÓN Y PROGRESO

La civilización occidental moderna aparece en la historia como una verdadera anomalía: entre todas aquellas que nos son conocidas más o menos completamente, esta civilización es la única que se ha desarrollado en un aspecto puramente material, y este desarrollo monstruoso, cuyo comienzo coincide con lo que se ha convenido llamar el Renacimiento, ha sido acompañado, como debía de serlo fatalmente, de una regresión intelectual correspondiente; no decimos equivalente, ya que se trata de dos órdenes de cosas entre las cuales no podría haber ninguna medida común. Esa regresión ha llegado a tal punto que los occidentales de hoy día ya no saben lo que puede ser la intelectualidad pura, y ya no sospechan siquiera que nada de tal pueda existir; de ahí su desdén, no solo por las civilizaciones orientales, sino inclusive por la edad media europea, cuyo espíritu no se les escapa apenas menos completamente. ¿Cómo hacer comprender el interés de un conocimiento completamente especulativo a gentes para quienes la inteligencia no es más que un medio de actuar sobre la materia y de plegarla a fines prácticos, y para quienes la ciencia, en el sentido restringido en que la entienden, vale sobre todo en la medida en que es susceptible de concluir en aplicaciones industriales? No exageramos nada; no hay más que mirar alrededor de uno para darse cuenta de que tal es enteramente la mentalidad de la inmensa mayoría de nuestros contemporáneos; y el examen de la filosofía, a partir de Bacon y de Descartes, no podría sino confirmar también estas constataciones. Recordaremos sólo que Descartes ha limitado la inteligencia a la razón, que ha asignado como único papel, a lo que él creía poder llamar metafísica, servir de fundamento a la física, y que esa física misma estaba esencialmente destinada, en su pensamiento, a preparar la constitución de las ciencias aplicadas, a saber, la mecánica, la medicina y la moral, último término del saber humano tal como él lo concebía; las tendencias que Descartes afirmaba así ¿no son ya esas mismas que caracterizan a primera vista todo el desarrollo del mundo moderno? Negar o ignorar todo conocimiento puro y suprarracional, era abrir la vía que debía conducir lógicamente, por una parte, al positivismo y al agnosticismo, que sacan su provecho de las más estrechas limitaciones de la inteligencia y de su objeto, y, por otra, a todas las teorías sentimentalistas y voluntaristas, que se esfuerzan en buscar en lo infrarracional lo que la razón no puede darles. En efecto, aquellos que, en nuestros días, quieren reaccionar contra el racionalismo, por ello no aceptan menos la identificación de la inteligencia entera únicamente con la razón, y creen que ésta no es más que una facultad completamente práctica, incapaz de salir del dominio de la materia; Bergson ha escrito textualmente esto: «La inteligencia, considerada en lo que parece ser su medio original, es la facultad de fabricar objetos artificiales, en particular útiles para hacer útiles (*sic*), y de variar indefinidamente su fabricación»³. Y también: «La inteligencia, incluso cuando ya no opera sobre la materia bruta, sigue los hábitos que ha contraído en esa operación: aplica formas que son las mismas de la materia inorganizada. La inteligencia está hecha para ese género de trabajo. Solo este género de trabajo la satisface plenamente. Y es eso lo que expresa al decir que sólo así llega a la distinción y a la claridad»⁴. En estos últimos rasgos, se reconoce sin esfuerzo que no es la inteligencia misma la que está en causa, sino simplemente la concepción cartesiana de la inteligencia, lo que es muy diferente; y, a la superstición de la razón, es decir, la «filosofía nueva», como dicen sus adherentes, la ha sustituido otra, más grosera todavía por algunos lados, a saber, la superstición de la vida. El racionalismo, impotente para elevarse hasta la verdad absoluta, dejaba subsistir al menos la verdad relativa; pero el intuicionismo contemporáneo rebaja esta verdad a no ser más que una representación de la realidad sensible, con todo lo que tiene de inconsistente y de incesantemente cambiante; finalmente, el pragmatismo acaba de hacer desvanecerse la noción misma de verdad al identificarla a la de utilidad, lo que equivale a suprimirla pura y simplemente. Si bien hemos esquematizado un poco las cosas, sin embargo no las hemos desfigurado de ninguna manera, y, cualesquiera que hayan podido ser las fases intermediarias, las tendencias fundamentales son efectivamente las que acabamos de decir; puesto que van hasta el final, los pragmatistas se muestran como los más auténticos representantes del pensamiento occidental moderno: ¿qué importa la verdad en un mundo cuyas

---

³ *L'Evolution créatrice*, p. 151.

⁴ *Ibid.*, p. 174.

aspiraciones, que son únicamente materiales y sentimentales, y no intelectuales, encuentran toda satisfacción en la industria y en la moral, dos dominios en los que se prescinde muy bien, en efecto, de concebir la verdad? Sin duda, no se ha llegado de un solo golpe a esta extremidad, y muchos europeos protestarán de que no están todavía ahí; pero aquí pensamos sobre todo en los americanos, que están en una fase más «avanzada», si se puede decir, de la misma civilización: tanto mentalmente como geográficamente, la América actual es el «Extremo Occidente»; y, sin duda ninguna, si nada viene a detener el desarrollo de las consecuencias implicadas en el presente estado de cosas, Europa seguirá en la misma dirección.

Pero lo que es quizás más extraordinario, es la pretensión de hacer de esta civilización anormal el tipo mismo de toda civilización, de considerarla como la «civilización» por excelencia, e incluso como la única que merece este nombre. Como complemento de esa ilusión, está también la creencia en el «progreso», considerado de una manera no menos absoluta, e identificado naturalmente, en su esencia, con ese desarrollo material que absorbe toda la actividad del occidental moderno. Es curioso constatar cuán rápidamente llegan a extenderse y a imponerse algunas ideas, por poco que respondan, evidentemente, a las tendencias generales de un medio y de una época; ese es el caso de estas ideas de «civilización» y de «progreso», que tantas gentes creen gustosamente universales y necesarias, aunque, en realidad, son de invención completamente reciente, y aunque, hoy día todavía, las tres cuartas partes de la humanidad al menos persisten en ignorarlas o en no tenerlas en cuenta para nada. Jacques Bainville ha hecho observar que, «si el verbo *civilizar* se encuentra ya con la significación que nosotros le prestamos en los buenos autores del siglo XVIII, el sustantivo *civilización* no se encuentra más que en los economistas de la época que precedió inmediatamente a la Revolución. Litreé cita un ejemplo tomado de Turgot. Litreé, que había devorado toda nuestra literatura, no ha podido remontarse más atrás. Así pues, la palabra civilización no tiene más de un siglo y medio de existencia. No ha acabado por entrar en el diccionario de la Academia más que en 1835, hace un poco menos de cien años... La antigüedad, de la que vivimos todavía, no tenía tampoco ningún término para llamar a lo que nosotros entendemos por civilización. Si se diera a traducir esta palabra en un tema latino, el joven alumno estaría bien apurado... La vida de las palabras no es independiente de la vida de las ideas. La palabra civilización, sin la que nuestros antepasados se entendían muy bien, quizás porque la tenían, se ha extendido en el siglo XIX bajo la influencia de ideas nuevas. Los descubrimientos científicos, el desarrollo de la industria, del comercio, de la prosperidad y del bienestar, habían creado una suerte de entusiasmo e incluso de profetismo. La concepción del progreso indefinido, aparecida en la segunda mitad del siglo XVIII, concurrió a convencer a la especie humana de que había entrado en una era nueva, la de la civilización absoluta. Es a un prodigioso utopista, muy olvidado hoy día, Fourier, a quien se debe el haber llamado al periodo contemporáneo el de la civilización y el haber confundido la civilización con la edad moderna... Así pues, la civilización era el grado de desarrollo y de perfeccionamiento al que las naciones europeas habían llegado en el siglo XIX. Este término, comprendido por todos, aunque no fue definido nunca por nadie, abarcaba a la vez el progreso material y el progreso moral, pues uno conlleva el otro, uno va unido al otro, inseparables los dos.

La civilización, que era en suma la Europa misma, era un título que se otorgaba a sí mismo el mundo europeo»[5]. Eso es exactamente lo que pensamos también nós mismo; y hemos tenido que hacer esa cita, aunque sea un poco larga, para mostrar que no somos el único en pensarlo.

Así, estas dos ideas de «civilización» y de «progreso», que están asociadas muy estrechamente, no datan una y otra más que de la segunda mitad del siglo XVIII, es decir, de la época que, entre otras cosas, vio nacer también el materialismo[6]; y fueron propagadas y popularizadas sobre todo por los soñadores socialistas de comienzos del siglo XIX. Es menester convenir que la historia de las ideas permite hacer a veces constataciones bastantes sorprendentes, y reducir algunas imaginaciones a su justo valor; y lo permitiría sobre todo si fuera hecha y estudiada como debe serlo, es decir, si no fuera, como sucede por lo demás con la historia ordinaria, falsificada por interpretaciones tendenciosas, o limitada a trabajos de simple erudición, a investigaciones insignificantes sobre puntos de detalle. La historia verdadera puede ser peligrosa para algunos intereses políticos; y uno está en su derecho de preguntarse si no es por esta razón por lo que, en este dominio, algunos métodos son impuestos

---

[5] L'Avenir de la Civilisation: Revue Universelle. 1º de marzo de 1922, pp. 586-587.

[6] La palabra «materialismo» ha sido imaginada por Berkeley, quién se servía de ella solamente para designar la creencia en la realidad de la materia; el materialismo en el sentido actual, es decir, la teoría según la cual no existe nada más que la materia, no se remonta más que a La Mettrie y a Holbach; no debe ser confundido con el mecanicismo, del que se encuentran algunos ejemplos desde la antigüedad.

oficialmente con la exclusión de todos los demás: conscientemente o no, se descarta *a priori* todo lo que permitiría ver claro muchas cosas, y es así como se forma la «opinión pública». Pero volvamos a las dos ideas de las que acabamos de hablar, y precisemos que, al asignarlas un origen tan reciente, tenemos únicamente en vista esa acepción absoluta, e ilusoria según nosotros, que es la que se les da más comúnmente hoy día. En cuanto al sentido relativo del que las mismas palabras son susceptibles, es otra cosa, y, como ese sentido es muy legítimo, no se puede decir que se trate en ese caso de ideas que hayan tomado nacimiento en un momento determinado; poco importa que hayan sido expresadas de una manera o de otra, y, si un término es cómodo, no es porque sea de creación reciente por lo que vemos inconvenientes para su empleo. Así, nós mismo decimos gustosamente que existen «civilizaciones» múltiples y diversas; sería bastante difícil definir exactamente ese conjunto complejo de elementos de diferentes órdenes que constituye lo que se llama una civilización, pero no obstante cada uno sabe bastante bien qué se debe entender por eso. No pensamos siquiera que sea necesario intentar encerrar en una fórmula rígida los caracteres generales de toda civilización, o los caracteres particulares de tal civilización determinada; eso es un procedimiento un poco artificial, y desconfiamos mucho de esos cuadros estrechos en los que se complace el espíritu sistemático. De igual modo que hay «civilizaciones», hay también, en el curso del desarrollo de cada una de ellas, o de algunos periodos más o menos restringidos de ese desarrollo, «progresos» que afectan, no a todo indistintamente, sino a tal o cual dominio definido; eso no es, en suma, sino otra manera de decir que una civilización se desarrolla en un cierto sentido, en una cierta dirección; pero, lo mismo que hay progresos, también hay regresiones, y a veces incluso las dos cosas se producen simultáneamente en dominios diferentes. Por consiguiente, insistimos en ello, todo eso es eminentemente relativo; si se quieren tomar las mismas palabras en sentido absoluto, ya no corresponden a ninguna realidad, y es justamente entonces cuando representan esas ideas nuevas que no tienen curso sino desde hace menos de dos siglos, y únicamente en Occidente. Ciertamente, «el Progreso» y «la Civilización», con mayúsculas pueden hacer un excelente efecto en algunas frases tan huecas como declamatorias, muy propias para impresionar a las masas para quienes la palabra sirve menos para expresar el pensamiento que para suplir su ausencia; a este título, eso juega un papel de los más importantes en el arsenal de fórmulas de las que los «dirigentes» contemporáneos se sirven para llevar a cabo la singular obra de sugestión colectiva sin la que la mentalidad específicamente moderna no podría subsistir mucho tiempo. A este respecto, no creemos que se haya destacado nunca suficientemente la analogía, no obstante evidente, que la acción del orador presenta con la del hipnotizador (y con la del domador que es igualmente del mismo género); señalamos de pasada este tema de estudios a la atención de los psicólogos. Sin duda, el poder de las palabras ya ha sido ejercido más o menos en otros tiempos que el nuestro; pero de lo que no hay ejemplo, es de esta gigantesca alucinación colectiva por la que toda una parte de la humanidad ha llegado a tomar las más vanas quimeras por incontestables realidades; y, entre esos ídolos del espíritu moderno, los que denunciamos al presente son quizás los más perniciosos de todos.

Nos es menester volver aún sobre la génesis de la idea de progreso; si se quiere, diremos la idea de progreso indefinido, para dejar fuera de causa esos progresos especiales y limitados cuya existencia no entendemos contestar de ninguna manera. Es probablemente en Pascal donde se puede encontrar el primer rastro de esta idea, aplicada por lo demás a un solo punto de vista: es conocido el pasaje[7] donde compara la humanidad a «un mismo hombre que subsiste siempre y que aprende continuamente durante el curso de los siglos», y donde hace prueba de ese espíritu antitradicional que es una de las particularidades del Occidente moderno, al declarar que «aquellos a los que llamamos antiguos eran verdaderamente nuevos en todas las cosas», y que así sus opiniones tienen en realidad muy poco peso; y, bajo este aspecto, Pascal había tenido al menos un precursor, puesto que Bacon había dicho ya con la misma intención: *Antiquitas sæculi, juventus mundi*. Es fácil ver el sofisma inconsciente sobre el que se basa una tal concepción: este sofisma consiste en suponer que la humanidad, en su conjunto, sigue un desarrollo continuo y unilineal; ese es un punto de vista eminentemente «simplista», que está en contradicción con todos los hechos conocidos. La historia nos muestra en efecto, en todas las épocas, civilizaciones independientes las unas de las otras, frecuentemente incluso divergentes, de las que algunas nacen y se desarrollan mientras que otras caen en decadencia y mueren, o son aniquiladas bruscamente en algún cataclismo; y las civilizaciones nuevas no siempre recogen la herencia de las antiguas. ¿Quién se atreverá a sostener seriamente, por ejemplo, que los occidentales modernos han aprovechado, por indirectamente que sea, la mayor parte de los conocimientos que habían acumulado los caldeos o los

---

[7] Fragmento de un *Traité du Vide*.

egipcios, sin hablar de las civilizaciones cuyo nombre mismo ni siquiera ha llegado hasta nosotros? Por lo demás, no hay necesidad de remontar tan lejos en el pasado, puesto que hay ciencias que eran cultivadas en la edad media europea, y de las que en nuestros días ya no se tiene la menor idea. Así pues, si se quiere conservar la representación del «hombre colectivo» que considera Pascal (que le llama muy impropiamente «hombre universal»), será menester decir que, si hay periodos donde aprende, hay otros donde olvida, o bien que, mientras que aprende algunas cosas, olvida otras; pero la realidad es aún más compleja, puesto que hay simultáneamente, como las ha habido siempre, civilizaciones que no se penetran, que se ignoran mutuamente: tal es efectivamente, hoy más que nunca, la situación de la civilización occidental en relación a las civilizaciones orientales. En el fondo, el origen de la ilusión que se expresa en Pascal es simplemente éste: los occidentales, a partir del Renacimiento, han tomado el hábito de considerarse exclusivamente como los herederos y los continuadores de la antigüedad grecorromana, y de desconocer o de ignorar sistemáticamente todo el resto; es lo que denominamos el «prejuicio clásico». La humanidad de la que habla Pascal comienza en los griegos, continúa con los romanos, después hay en su existencia una discontinuidad que corresponde a la edad media, en la que no puede ver, como todas las gentes del siglo XVII, más que un periodo de sueño; finalmente viene el Renacimiento, es decir, el despertar de esa humanidad, que, a partir de ese momento, estará compuesta del conjunto de los pueblos europeos. Es un error singular, y que denota un horizonte mental singularmente limitado, el que consiste en tomar así la parte por el todo; se podría descubrir su influencia en más de un dominio: los psicólogos, por ejemplo, limitan ordinariamente sus observaciones a un solo tipo de humanidad, la occidental moderna, y extienden abusivamente los resultados así obtenidos hasta pretender hacer de ellos, sin excepción, caracteres del hombre en general.

Es esencial observar que Pascal no consideraba aún más que un progreso intelectual, en los límites en los que él mismo y su época concebían la intelectualidad; es hacia finales del siglo XVIII cuando apareció, con Turgot y Condorcet, la idea de progreso extendida a todos los órdenes de actividad; y esa idea estaba entonces tan lejos de ser aceptada generalmente que Voltaire mismo se apresuró a ridiculizarla. No podemos pensar en hacer aquí la historia de las diversas modificaciones que esa misma idea sufrió en el curso del siglo XIX, ni de las complicaciones pseudocientíficas que le fueron aportadas cuando, bajo el nombre de «evolución», se la quiso aplicar, no sólo a la humanidad, sino a todo el conjunto de los seres vivos. El evolucionismo, a pesar de múltiples divergencias más o menos importantes, ha devenido un verdadero dogma oficial: se enseña como una ley, que está prohibido discutir, lo que no es en realidad más que la más gratuita y la peor fundada de todas las hipótesis; con mayor razón ocurre lo mismo con la concepción del progreso humano, que no aparece ahí dentro más que como un simple caso particular. Pero antes de llegar a eso, hubo muchas vicisitudes, y, entre los partidarios mismos del progreso, hay quienes no han podido impedirse formular reservas bastante graves: Auguste Comte, que había comenzado siendo discípulo de Saint-Simon, admitía un progreso indefinido en duración, pero no en extensión; para él, la marcha de la humanidad podía ser representada por una curva que tiene una asíntota, a la que se acerca indefinidamente sin alcanzarla nunca, de tal manera que la amplitud del progreso posible, es decir, la distancia del estado actual al estado ideal, representada por la distancia de la curva a la asíntota, va decreciendo sin cesar. Nada más fácil que demostrar las confusiones sobre las que se apoya la teoría fantasiosa a la que Comte ha dado el nombre de la «ley de los tres estados», y de las que la principal consiste en suponer que el único objeto de todo conocimiento posible es la explicación de los fenómenos naturales; como Bacon y Pascal, Comte comparaba los antiguos a niños, mientras que otros, en una época más reciente, han creído hacerlo mejor asimilándolos a los salvajes, a quienes llaman «primitivos», mientras que, por nuestra parte, los consideramos al contrario como degenerados[8]. Por otro lado, algunos, al no poder hacer otra cosa que constatar que hay altibajos en lo que conocen de la historia de la humanidad, han llegado a hablar de un «ritmo del progreso»; sería quizás más simple y más lógico, en estas condiciones, no hablar más de progreso en absoluto, pero, como es menester salvaguardar a toda costa el dogma moderno, se supone que el «progreso» existe no obstante como resultante final de todos los progresos parciales y de todas las regresiones. Estas restricciones y estas discordancias deberían hacer reflexionar, pero bien pocos parecen darse cuenta de ellas; las

---

[8] A pesar de la influencia de la «escuela sociológica», hay, incluso en los medios «oficiales», algunos sabios que piensan como nós sobre este punto, concretamente M. Georges Foucart, que, en la introducción de su obra titulada *Histoire des religions et Methode comparative*, defiende la tesis de la «degeneración» y menciona a varios de aquellos que se han sumado a ella. M. Foucart hace a ese propósito una excelente crítica de la «escuela sociológica» y de sus métodos, y declara en propios términos que «es menester no confundir el totemismo o la sociología con la etnología seria».

diferentes escuelas no pueden ponerse de acuerdo entre sí, pero sigue entendiéndose que se debe admitir el progreso y la evolución, sin lo cual no se podría tener probablemente derecho a la cualidad de «civilizado».

Otro punto que también es digno de observación: si se investiga cuáles son las ramas del pretendido progreso del que se habla más frecuentemente hoy, aquellas en las que todas las demás parecen confluir en el pensamiento de nuestros contemporáneos, uno se da cuenta de que se reducen a dos, el «progreso material» y el «progreso moral»; son las únicas que Jacques Bainville haya mencionado como comprendidas en la idea corriente de «civilización», y pensamos que es con razón. Sin duda algunos hablan también de «progreso intelectual», pero, para ellos, esta expresión es esencialmente sinónima de «progreso científico», y se aplica sobre todo al desarrollo de las ciencias experimentales y de sus aplicaciones. Por consiguiente, se ve reaparecer aquí esa degradación de la inteligencia que termina identificándola con el más restringido y el más inferior de todos sus usos, a saber, la acción sobre la materia en vista únicamente de la utilidad práctica; el supuesto «progreso intelectual» no es así, en definitiva, más que el «progreso material» mismo, y, si la inteligencia no fuera más que eso, sería menester aceptar la definición que Bergson da de ella. Ciertamente, la mayoría de los occidentales actuales no conciben que la inteligencia sea otra cosa; para ellos se reduce, no ya a la razón en el sentido cartesiano, sino a la parte más ínfima de esa razón, a sus operaciones más elementales, a lo que permanece siempre en estrecha relación con este mundo sensible del que han hecho el campo único y exclusivo de toda su actividad. Para aquellos que saben que hay otra cosa y que persisten en dar a las palabras su verdadera significación, no es de «progreso intelectual» de lo que puede tratarse en nuestra época, sino al contrario de decadencia, o mejor todavía de decadencia intelectual; y, porque hay vías de desarrollo que son incompatibles, ese es precisamente el pago del «progreso material», el único cuya existencia es un hecho real en el curso de los últimos siglos: progreso científico si se quiere, pero en una acepción extremadamente limitada, y progreso industrial aún mucho más que científico. Desarrollo material e intelectualidad pura van verdaderamente en sentido inverso; quien se hunde en uno se aleja necesariamente del otro; pero, por lo demás, obsérvese bien que aquí decimos intelectualidad, no racionalidad, ya que el dominio de la razón no es más que intermediario, en cierto modo, entre el de los sentidos y el del intelecto superior: si la razón recibe un reflejo de este último, aunque le niegue y se crea la facultad más alta del ser humano, es siempre de los datos sensibles de donde se sacan las nociones que elabora. Queremos decir que lo general, objeto propio de la razón, y por consiguiente de la ciencia que es la obra de ésta, aunque no es del orden sensible, procede no obstante de lo individual, que es percibido por los sentidos; se puede decir que está más allá de lo sensible, pero no por encima; transcendente no es más que lo universal, objeto del intelecto puro, a cuyo respecto lo general mismo entra pura y simplemente en lo individual. Ésta es la distinción fundamental del conocimiento metafísico y del conocimiento científico, tal como la hemos expuesto más ampliamente en otra parte[9]; y, si la recordamos aquí, es porque la ausencia total del primero y el desarrollo desordenado del segundo constituyen las

---

[9] Introducción general al estudio de las doctrinas hindúes, 2ª parte, cap. V.

características más sobresalientes de la civilización occidental en su estado actual.

En lo que concierne a la concepción del «progreso moral», representa el otro elemento predominante de la mentalidad moderna, queremos decir la sentimentalidad; y la presencia de este elemento no nos hace modificar el juicio que hemos formulado al decir que la civilización occidental es completamente material. Sabemos bien que algunos quieren oponer el dominio del sentimiento al de la materia, hacer del desarrollo de uno una suerte de contrapeso a la invasión del otro, y tomar por ideal un equilibrio tan estable como sea posible entre estos dos elementos complementarios. Tal es quizás, en el fondo, el pensamiento de los intuicionistas que, al asociar indisolublemente la inteligencia a la materia, intentan liberarse de ésta con la ayuda de un instinto bastante mal definido; tal es, más ciertamente aún, el pensamiento de los pragmatistas, para quienes la noción de utilidad, destinada a reemplazar la noción de verdad, se presenta a la vez bajo el aspecto material y bajo el aspecto moral; y aquí vemos también hasta qué punto el pragmatismo expresa las tendencias especiales del mundo moderno, y sobre todo del mundo anglosajón que es su fracción más típica. De hecho, materialidad y sentimentalidad, muy lejos de oponerse, no pueden ir apenas la una sin la otra, y juntas las dos adquieren su desarrollo más extremo; tenemos la prueba de ello en América, donde, como ya hemos tenido ocasión de hacerlo observar en nuestros estudios sobre el teosofismo y el espiritismo, las peores extravagancias «pseudomísticas» nacen y se extienden con una increíble facilidad, al mismo tiempo que el industrialismo y la pasión por los «negocios» se llevan hasta un grado que confina la locura; cuando las cosas han llegado a eso, ya no es un equilibrio lo que se establece entre las dos tendencias, son dos desequilibrios que se suman uno al otro y, en lugar de compensarse, se agravan mutuamente. La razón de este fenómeno es fácil de comprender: allí donde la intelectualidad está reducida al mínimo, es muy natural que la sentimentalidad asuma la primacía; y, por lo demás, ésta, en sí misma, está muy cerca del orden material: en todo el dominio psicológico, no hay nada que sea más estrechamente dependiente del organismo, y, a pesar de Bergson, es el sentimiento, y no la inteligencia, la que se nos aparece como ligada a la materia. Vemos muy bien lo que pueden responder a eso los intuicionistas: la inteligencia, tal como la conciben, está ligada a la materia inorgánica (puesto que es siempre el mecanicismo cartesiano y sus derivados lo que tienen en vista); el sentimiento, lo está a la materia viva, que les parece que ocupa un grado más elevado en la escala de las existencias. Pero, inorgánica o viva, es siempre materia, y en eso no se trata nunca más que de las cosas sensibles; a la mentalidad moderna, y a los filósofos que la representan, les es decididamente imposible librarse de esta limitación. En rigor, si nos atenemos a que haya ahí una dualidad de tendencias, será menester vincular una a la materia y la otra a la vida, y esta distinción puede servir efectivamente para clasificar, de una manera bastante satisfactoria, las grandes supersticiones de nuestra época; pero, lo repetimos, todo eso es del mismo orden y no puede disociarse realmente; estas cosas están situadas sobre un mismo plano, y no superpuestas jerárquicamente. Así, el «moralismo» de nuestros contemporáneos no es más que el complemento necesario de su materialismo práctico[10]; y sería perfectamente ilusorio querer exaltar uno en detrimento del otro, puesto que, siendo necesariamente solidarios, ambos se desarrollan simultáneamente y en el mismo sentido, que es el de lo que se ha convenido llamar la «civilización».

Acabamos de ver por qué las concepciones del «progreso material» y del «progreso moral» son inseparables, y por qué la segunda tiene, de manera casi tan constante como la primera, un lugar tan considerable en las preocupaciones de nuestros contemporáneos. No hemos contestado de ningún modo la existencia de un «progreso material», sino sólo su importancia: lo que sí sostenemos, es que no vale lo que hace perder del lado intelectual, y que, para ser de otra opinión, es menester ignorar todo de la intelectualidad verdadera; ahora bien, ¿qué es menester pensar de la realidad del «progreso moral»? Ésta es una cuestión que apenas es posible discutir seriamente, porque, en ese dominio sentimental, todo es únicamente un asunto de apreciación y de preferencias individuales; cada uno llamará progreso a lo que esté en conformidad con sus propias disposiciones, y, en suma, no hay que dar la razón a uno más bien que al otro. Aquellos cuyas tendencias están en armonía con las de su época no pueden hacer más que estar satisfechos con el presente estado de las cosas; y esto es lo que traducen a su manera cuando dicen que esta época está en progreso sobre aquellas que la han precedido; pero frecuentemente esta satisfacción de sus aspiraciones sentimentales

---

[10] Decimos materialismo práctico para designar una tendencia, y para distinguirla del materialismo filosófico, que es una teoría, de la que esta tendencia no es forzosamente dependiente.

no es aún más que relativa, porque los acontecimientos no se desarrollan siempre al gusto de sus deseos, y es por eso por lo que suponen que el progreso se continuará en el curso de las épocas futuras. Los hechos vienen a veces a aportar un desmentido a aquellos que están persuadidos de la realidad actual del «progreso moral», según las concepciones que se han hecho de él más habitualmente; pero éstos se usan para modificar un poco sus ideas a este respecto, o para remitir a un porvenir más o menos lejano la realización de su ideal, e incluso podrían salir del atolladero, ellos también, hablando de un «ritmo de progreso». Por lo demás, lo que es aún mucho más simple, ordinariamente se apresuran a olvidar la lección de la experiencia; tales son esos soñadores incorregibles que, a cada nueva guerra, no dejan de profetizar que será la última. En el fondo, la creencia en el progreso indefinido no es más que la más ingenua y la más grosera de todas las formas del «optimismo»; así pues, cualesquiera que sean sus modalidades, es siempre de esencia sentimental, incluso cuando se trata del «progreso material». Si se nos objeta que nós mismo hemos reconocido la existencia de éste, responderemos que no le hemos reconocido más que en los límites en los que los hechos nos lo muestran, y que no estamos de acuerdo por eso en que deba, y ni siquiera que pueda, proseguirse indefinidamente; por lo demás, como no nos parece que sea lo mejor que hay en el mundo, en lugar de llamarle progreso, preferiríamos llamarle simplemente desarrollo; no es por sí misma como es molesta esta palabra de progreso, sino en razón de la idea de «valor» que se ha acabado por asociarle a ella casi invariablemente. Esta observación nos lleva a otra: es que hay también una realidad que se disimula bajo el pretendido «progreso moral», o que, si se prefiere, mantiene la ilusión de éste; esta realidad, es el desarrollo de la sentimentalidad, que, aparte de toda

Oriente y Occidente

cuestión de apreciación, existe en efecto en el mundo moderno, tan incontestablemente como la de la industria y del comercio (y ya hemos dicho por qué la una no va sin la otra). Este desarrollo, excesivo y anormal según nuestra apreciación, no puede dejar de aparecer como un progreso para aquellos que ponen la sentimentalidad por encima de todo; y quizás se dirá que, al hablar de simples preferencias como lo hacíamos hace un momento, nos hemos quitado de antemano el derecho de no darles la razón. Pero no hay nada de eso: lo que decíamos entonces se aplica al sentimiento, y al sentimiento solo, en sus variaciones de un individuo a otro; si se trata de poner el sentimiento, considerado en general, en su justo lugar en relación a la inteligencia, las cosas son enteramente diferentes, porque en eso hay que observar una jerarquía necesaria. El mundo moderno ha invertido propiamente las relaciones naturales de los diversos órdenes; todavía una vez más, el empobrecimiento del orden intelectual (e incluso ausencia de la intelectualidad pura), y la exageración del orden material y del orden sentimental, todo eso va junto, y es todo eso lo que hace de la civilización occidental actual una anomalía, por no decir una monstruosidad.

He aquí como aparecen las cosas cuando se las considera al margen de todo prejuicio; y es así como las ven los representantes más cualificados de las civilizaciones orientales, que no les aportan ningún partidismo, ya que el partidismo es siempre algo sentimental, no intelectual, y su punto de vista es puramente intelectual. Si los occidentales tienen algún problema para comprender esta actitud, es porque están invenciblemente inclinados a juzgar a los demás según lo que son ellos mismos y a prestarles sus propias preocupaciones, como les prestan también sus maneras de pensar y no se dan cuenta siquiera de que pueden existir otras, tan estrecho es su horizonte mental; de ahí viene su completa incomprehensión de todas las concepciones orientales. La recíproca no es verdadera: los orientales, cuando tienen la ocasión de ello y cuando quieren tomarse el trabajo, apenas sienten dificultad para penetrar y para comprender los conocimientos especiales de Occidente, ya que están habituados a especulaciones mucho más vastas y profundas, y quien puede lo más puede lo menos; pero, en general, apenas se sienten tentados a librarse a este trabajo, que conllevaría el riesgo de hacerles perder de vista o al menos de descuidar, por cosas que estiman insignificantes, lo que es para ellos lo esencial. La ciencia occidental es análisis y dispersión; el conocimiento oriental es síntesis y concentración; pero tendremos la ocasión de volver sobre esto. Sea como sea, lo que los occidentales llaman civilización, los demás lo llamarían más bien barbarie, porque carece precisamente de lo esencial, es decir, de un principio de orden superior; ¿con qué derecho pretenderían los occidentales imponer a todos su propia apreciación? Por lo demás, no deberían olvidar que no son más que una minoría en el conjunto de la humanidad terrestre; evidentemente, esta consideración del número no prueba nada a nuestros ojos, pero debería causar alguna impresión sobre gentes que han inventado el «sufragio universal» y que creen en su virtud. Si todavía no hicieran más que complacerse en la afirmación de la superioridad imaginaria que se atribuyen, esa ilusión no les haría daño más que a ellos mismos; pero lo más terrible, es su furor de proselitismo: ¡en ellos, el espíritu de conquista se disfraza bajo pretextos «moralistas», y es en el nombre de la libertad como quieren obligar al mundo entero a imitarles! Lo más notable es que, en su infatuación, se imaginan de buena fe que tienen «prestigio» entre todos los demás pueblos; porque se les teme como se teme a una fuerza brutal, creen que se les admira; el hombre que está amenazado de ser aplastado por una avalancha, ¿está por eso tocado de respeto y de admiración? La única impresión que las invenciones mecánicas, por ejemplo, producen sobre la generalidad de los orientales, es una impresión de profunda repulsión; todo eso les parece ciertamente más molesto que ventajoso, y, si se encuentran obligados a aceptar algunas necesidades de la época actual, es con la esperanza de liberarse de ellas un día u otro; eso no les interesa y no les interesará nunca verdaderamente. Lo que los occidentales llaman progreso, no es para los orientales más que cambio e inestabilidad; y la necesidad de cambio, tan característica de la época moderna, es a sus ojos una marca de inferioridad manifiesta: aquél que ha llegado a un estado de equilibrio ya no siente esa necesidad, del mismo modo que aquel que sabe ya no busca. En estas condiciones, es ciertamente difícil entenderse, puesto que los mismos hechos dan lugar a interpretaciones diametralmente opuestas por una y otra parte; ¿qué ocurriría si los orientales a su vez, siguiendo el ejemplo de los occidentales, y por los mismos medios que ellos, quisieran imponerles su manera de ver? Pero que nadie se inquiete: nada es más contrario a su naturaleza que la propaganda, y esas son preocupaciones que les son perfectamente extrañas; sin predicar la «libertad», dejan que los demás piensen lo que quieran, e incluso lo que se piense de ellos les es completamente indiferente. En el fondo, todo lo que piden es que se les deje tranquilos; pero es eso precisamente lo que se niegan a admitir los occidentales, que, es menester no olvidarlo, han ido a buscarles a su casa, y se han comportado de tal manera que los hombres más apacibles pueden a buen derecho estar exasperados por ello. Nos encontramos así en presencia de una situación de hecho que no podría durar indefinidamente; y para los occidentales no hay más que un medio de hacerse soportables: es, para emplear el lenguaje habitual de la política colonial, que renuncien a la «asimilación» para practicar la «asociación», y eso en todos los dominios; pero eso solo exige ya una modificación de su mentalidad, y la comprehensión al menos de algunas de las ideas que exponemos aquí.

Capítulo II

La Superstición de la Ciencia

Entre otras pretensiones, la civilización occidental moderna tiene la de ser eminentemente «científica»; sería bueno precisar un poco cómo se entiende esta palabra, pero esto es lo que no se hace ordinariamente, ya que es del número de aquellas a las que nuestros contemporáneos parecen prestar una suerte de poder misterioso, independientemente de su sentido. La «Ciencia», con mayúscula, como el «Progreso» y la «Civilización», como el «Derecho», la «Justicia» y la «Libertad», es también una de esas entidades que vale más no intentar definir, y que corren el riesgo de perder todo su prestigio cuando se las examina un poco más de cerca. Todas las supuestas «conquistas» de las que el mundo moderno está tan orgulloso se reducen así a grandes palabras detrás de las cuales no hay nada o casi nada: sugestión colectiva, hemos dicho, ilusión que, por ser compartida por tantos individuos y por mantenerse como lo hace, no podría ser espontánea; quizás algún día intentaremos aclarar un poco este lado de la cuestión. Pero, por el momento, no es de eso de lo que se trata principalmente; sólo constatamos que el Occidente actual cree en las ideas que acabamos de decir, si es que a eso se le puede llamar ideas, de cualquier manera que esta creencia le haya venido. No son verdaderamente ideas, ya que muchos de aquellos que pronuncian estas palabras con más convicción no tienen en el pensamiento nada claro que se les corresponda; en el fondo, en la mayoría de los casos, en eso no hay más que la expresión, se podría decir incluso la personificación, de aspiraciones sentimentales más o menos vagas. Son verdaderos ídolos, las divinidades de una suerte de «religión laica» que no está claramente definida, sin duda, y que no puede estarlo, pero que por eso no tiene menos una existencia muy real: no es religión en el sentido propio de la palabra, sino lo que pretende sustituirla, y que merecería mejor ser llamada «contrarreligión». El primer origen de este estado de cosas se remonta al comienzo mismo de la época moderna, donde el espíritu antitradicional se manifestó inmediatamente por la proclamación del «libre examen», es decir, de la ausencia, en el orden doctrinal, de todo principio superior a las opiniones individuales. La anarquía intelectual debía resultar de ello fatalmente: de ahí la multiplicidad indefinida de las sectas religiosas y pseudoreligiosas, de los sistemas filosóficos que apuntan ante todo a la originalidad, de las teorías científicas tan efímeras como pretenciosas; caos inverosímil al que domina no obstante una cierta unidad, puesto que existe un espíritu específicamente moderno del que procede todo eso, pero una unidad enteramente negativa en suma, puesto que es propiamente una ausencia de principio, que se traduce por esa indiferencia respecto a la verdad y al error que ha recibido, desde el siglo XVIII, el nombre de «tolerancia». Que se nos comprenda bien: no entendemos censurar la tolerancia práctica, que se ejerce hacia los individuos, sino sólo la tolerancia teórica, que pretende ejercerse hacia las ideas y reconocerlas a todas los mismos derechos, lo que debería implicar lógicamente un escepticismo radical; y, por lo demás, no podemos impedirnos constatar que, como todos los propagandistas, los apóstoles de la tolerancia son muy frecuentemente, de hecho, los más intolerantes de los hombres. En efecto, se ha producido este hecho que es de una ironía singular: aquellos que han querido invertir todos los dogmas han creado para su uso, no diremos que un dogma nuevo, sino una caricatura de dogma, que han llegado a imponer a la generalidad del mundo occidental; así se han establecido, so pretexto de una «liberación del pensamiento», las creencias más quiméricas que se hayan visto nunca en ningún tiempo, bajo la forma de esos diversos ídolos de los que enumerábamos hace un momento algunos de los principales.

De todas las supersticiones predicadas por aquellos mismos que hacen profesión de declamar a todo propósito contra la «superstición», la de la «ciencia» y la «razón» es la única que, a primera vista, no parece reposar sobre una base sentimental; pero hay a veces un racionalismo que no es más que sentimentalismo disfrazado, como lo prueba muy bien la pasión que le aportan sus partidarios, el odio del que dan testimonio contra todo lo que es contrario a sus tendencias o rebase su comprehensión. Por lo demás, en todo caso, puesto que el racionalismo corresponde a una disminución de la intelectualidad, es natural que en su desarrollo vaya a la par con el del sentimentalismo, así como lo hemos explicado en el capítulo precedente; solamente, cada una de estas dos tendencias puede ser representada más especialmente por algunas individualidades o por algunas corrientes de pensamiento, y, en razón de las expresiones más o menos exclusivas y sistemáticas que son llevadas a revestir, puede incluso haber entre ellas conflictos aparentes que disimulan su solidaridad profunda a los ojos de los observadores superficiales. El racionalismo moderno comienza en suma con Descartes (aunque había tenido algunos precursores en el siglo XVI), y se puede seguir su rastro a través de toda la filosofía moderna, no menos que en el dominio propiamente científico; la reacción actual del intuicionismo y del pragmatismo contra este racionalismo nos proporciona el ejemplo de uno de esos conflictos, y hemos visto no obstante que Bergson aceptaba perfectamente la definición cartesiana de la inteligencia; no es la naturaleza de ésta la que se cuestiona, sino sólo su supremacía. En el siglo XVIII, hubo también antagonismo entre el racionalismo de los enciclopedistas y el sentimentalismo de Rousseau; y no obstante uno y otro sirvieron igualmente a la preparación del movimiento revolucionario, lo que muestra que entraban bien en la unidad negativa del espíritu antitradicional. Si relacionamos este ejemplo con el precedente, no es porque prestemos a Bergson ningún trasfondo político; pero no podemos evitar pensar en la utilización de sus ideas en algunos medios sindicalistas, sobre todo en Inglaterra, mientras que, en otros medios del mismo género, el espíritu «cientificista» es más honrado que nunca. En el fondo, parece que una de las grandes habilidades de los «dirigentes» de la mentalidad moderna consiste en favorecer alternativa o simultáneamente una u otra de las dos tendencias en cuestión según la oportunidad, estableciendo entre ellas una suerte de dosificación, por un juego de equilibrio que responde a preocupaciones ciertamente más políticas que intelectuales; por lo demás, esta habilidad puede no ser siempre querida, y por nuestra parte no tratamos de poner en duda la sinceridad de ningún sabio, historiador o filósofo; pero éstos no son frecuentemente más que «dirigentes» aparentes, y pueden ser ellos mismos dirigidos o influenciados sin darse cuenta de ello en lo más mínimo. Además, el uso que se hace de sus ideas no responde siempre a sus propias intenciones, y sería un error hacerles directamente responsables o reprocharles no haber previsto algunas consecuencias más o menos lejanas de ellas; pero basta que esas ideas sean conformes a una u otra de las dos tendencias de que hablamos para que sean utilizables en el sentido que acabamos de decir; y, dado el estado de anarquía intelectual en el que está hundido el Occidente, todo pasa como si se tratara de sacar del desorden mismo, y de todo lo que se agita en el caos, todo el partido posible para la realización de un plan rigurosamente determinado. No queremos insistir más en esto, pero nos es muy difícil no volver a ello de vez en cuando, ya que no podemos admitir que una raza entera sea pura y simplemente sacudida por una suerte de locura que dura desde hace varios siglos, y es menester que, a pesar de todo, haya algo que dé una significación a la civilización moderna; no creemos en el azar, y estamos convencidos de que todo lo que existe debe tener una causa; aquellos que son de otra opinión son libres de dejar a un lado este orden de consideraciones.

Ahora, disociando las dos tendencias principales de la mentalidad moderna para examinarlas mejor, y abandonando momentáneamente el sentimentalismo que retomaremos más adelante, podemos preguntarnos esto: ¿qué es exactamente esta «ciencia» de la que Occidente está tan infatuado? Un hindú, resumiendo con una extrema concisión lo que piensan de esta «ciencia» todos los orientales que han tenido la ocasión de conocerla, la ha caracterizado muy justamente con estas palabras:

«la ciencia occidental es un saber ignorante»[11]. La relación de estos dos términos no es una contradicción, y he aquí lo que quiere decir: es, si se quiere, un saber que tiene alguna realidad, puesto que es válido y eficaz en un cierto dominio relativo; pero es un saber irremediablemente limitado, ignorante de lo esencial, un saber que carece de principio, como todo lo que pertenece en propiedad a la civilización occidental moderna. La ciencia, tal como la conciben nuestros contemporáneos, es únicamente el estudio de los fenómenos del mundo sensible, y este estudio se emprende y se conduce de tal manera que, insistimos en ello, no puede estar vinculado a ningún principio de orden superior; ciertamente, al ignorar resueltamente todo lo que la rebasa, se hace así plenamente independiente en su dominio, pero esa independencia de la que se glorifica no está hecha más que de su limitación misma. Más aún, llega hasta negar lo que ignora, porque ese es el único medio de no confesar esta ignorancia; o, si no se atreve a negar formalmente que pueda existir algo que no cae bajo su dominio, niega al menos que eso pueda ser conocido de cualquier otra manera, lo que de hecho equivale a lo mismo, y pretende englobar todo conocimiento posible. Por una toma de partido frecuentemente inconsciente, los «cientificistas» se imaginan como Augusto Comte, que el hombre no se ha propuesto nunca otro objeto de conocimiento que una explicación de los fenómenos naturales; toma de partido inconsciente, decimos, ya que son evidentemente incapaces de comprender que se pueda ir más lejos, y no es eso lo que les

---

[11] *The Miscarriage of Life in the West*, por R. Ramanathan, procurador general de Ceilán: *Hibbert Journal*, VII, 1; citado por Benjamín Kidd, *La Science de Puissance*, p. 110 (traducción francesa).

reprochamos, sino solamente su pretensión de negar a los demás la posesión o el uso de facultades que les faltan a ellos mismos: se dirían ciegos que niegan, si no la existencia de la luz, al menos la del sentido de la vista, por la única razón de que están privados de él. Afirmar que no sólo hay lo desconocido, sino también lo «incognoscible», según la palabra de Spencer, es hacer de una enfermedad intelectual un límite que no le está permitido traspasar a nadie; he aquí lo que nunca se ha dicho en ninguna parte; y nunca se había visto tampoco a hombres hacer de una afirmación de ignorancia un programa y una profesión de fe, tomarla abiertamente como etiqueta de una pretendida doctrina, bajo el nombre de «agnosticismo». Y éstos, obsérvese bien, no son y no quieren ser escépticos; si lo fueran, habría en su aptitud una cierta lógica que podría hacerla excusable; pero, al contrario, son los creyentes más entusiastas de la «ciencia», y los más fervientes admiradores de la «razón». Es bastante extraño, se dirá, poner la razón por encima de todo, profesar por ella un verdadero culto, y proclamar al mismo tiempo que es esencialmente limitada; eso es algo contradictorio, en efecto, y, si lo constatamos, no nos encargaremos de explicarlo; esta actitud denota una mentalidad que no es la nuestra a ningún grado, y no es incumbencia nuestra justificar las contradicciones que parecen inherentes al «relativismo» bajo todas sus formas. Nós también, nos decimos que la razón es limitada y relativa; pero, muy lejos de hacer de ella toda la inteligencia, no la consideramos más que como una de sus porciones inferiores, y vemos en la inteligencia otras posibilidades que rebasan inmensamente las de la razón. En suma, los modernos, o algunos de entre ellos al menos, consienten en reconocer su ignorancia, y los racionalistas actuales lo hacen quizás más gustosamente que sus predecesores, pero a condición de que nadie tenga el derecho de conocer lo que ellos mismos ignoran; que se pretenda limitar lo que es, o solo limitar radicalmente el conocimiento, es siempre una manifestación del espíritu de negación que es tan característico del mundo moderno. Este espíritu de negación, no es otra cosa que el espíritu sistemático, ya que un sistema es esencialmente una concepción cerrada; y ha llegado a identificarse al espíritu filosófico mismo, sobre todo desde Kant, que, queriendo encerrar todo conocimiento en lo relativo, se ha atrevido a declarar expresamente que «la filosofía no es un instrumento para entender el conocimiento, sino una disciplina para limitarle»[12], lo que equivale a decir que la función principal de los filósofos consiste en imponer a todos los límites estrechos de su propio entendimiento. Por eso es por lo que la filosofía moderna ha terminado por substituir casi enteramente el conocimiento mismo por la «crítica» o por la «teoría del conocimiento»; es también por lo que, en muchos de sus representantes, no quiere ser más que «filosofía científica», es decir, simple coordinación de los resultados más generales de la ciencia, cuyo dominio es el único que reconoce como accesible a la inteligencia. Filosofía y ciencia, en estas condiciones, ya no tienen que ser distinguidas, y, a decir verdad, desde que el racionalismo existe, no pueden tener más que un solo y mismo objeto, no representan más que un solo orden de conocimiento y están animadas de un mismo espíritu: es lo que llamamos, no el espíritu científico, sino antes el espíritu «cientificista».

---

[12] *Kritik der reinen Vernunft*, ed. Hartenstein, p. 256.

Tenemos que insistir un poco sobre esta última distinción: lo que queremos destacar con esto, es que no vemos nada de malo en sí en el desarrollo de algunas ciencias, incluso si encontramos excesiva la importancia que se les da; no es más que un saber muy relativo, pero no obstante es un saber, y es legítimo que cada uno aplique su actividad intelectual a objetos proporcionados a sus propias aptitudes y a los medios de que dispone. Lo que reprobamos es el exclusivismo, podríamos decir el sectarismo de aquellos que, deslumbrados por la extensión que han tomado esas ciencias, se niegan a admitir que exista nada fuera de ellas, y pretenden que toda especulación, para ser válida, debe someterse a los métodos especiales que esas mismas ciencias ponen en obra, como si esos métodos, hechos para el estudio de algunos objetos determinados, debieran ser universalmente aplicables; es cierto que lo que conciben, como universalidad, es algo extremadamente restringido, y que no rebasa el dominio de las contingencias. Pero se sorprendería mucho a esos «cientificistas» si se les dijera que, sin salir siquiera de ese dominio, hay una multitud de cosas que no podrían ser alcanzadas por sus métodos, y que, no obstante, pueden constituir el objeto de ciencias completamente diferentes de las que conocen, pero no menos reales, y frecuentemente más interesantes en diversos aspectos. Parece que los modernos hayan tomado arbitrariamente, en el dominio del conocimiento científico, un cierto número de porciones que se empeñan en estudiar con exclusión de todo el resto, y haciendo como si ese resto fuera inexistente; y, a las ciencias particulares que han cultivado así, es completamente natural, y no sorprendente ni admirable, que les hayan dado un desarrollo mucho mayor de lo que hubieran podido hacer hombres que no les daban la misma importancia, que frecuentemente ni siquiera se preocupaban de ellas, y que se ocupaban en todo caso de muchas otras cosas que les parecían más serias. Aquí pensamos sobre todo en el considerable desarrollo de las ciencias experimentales, dominio en el que el Occidente moderno destaca evidentemente, y en el que nadie piensa contestar su superioridad, superioridad que, por lo demás, los orientales encuentran poco envidiable, precisamente porque ha debido ser comprada con el olvido de todo lo que les parece verdaderamente digno de interés; no obstante, no tememos afirmar que hay ciencias, incluso experimentales, de las que el Occidente moderno no tiene la menor idea. Tales ciencias existen en Oriente, entre aquellas a las que damos el nombre de «ciencias tradicionales»; en Occidente mismo, las hubo también en la edad media, que tenían caracteres completamente comparables; y esas ciencias, de las que algunas dan lugar incluso a aplicaciones prácticas de una incontestable eficacia, proceden por medios de investigación que son totalmente extraños a los sabios europeos de nuestros días. Éste no es el lugar para extendernos sobre este tema; pero debemos explicar al menos por qué decimos que algunos conocimientos de orden científico tienen una base tradicional, y en qué sentido lo entendemos; por lo demás, eso nos lleva a mostrar precisamente, más claramente aún de lo que lo hemos hecho hasta aquí, lo que le falta a la ciencia occidental.

Hemos dicho que uno de los caracteres especiales de esta ciencia occidental, es pretenderse enteramente independiente y autónoma; y esta pretensión no puede sostenerse más que si se ignora sistemáticamente todo conocimiento de orden superior al conocimiento científico, o mejor aún, si se le niega formalmente. Lo que está por encima de la ciencia, en la jerarquía necesaria de los conocimientos, es la metafísica, que es el conocimiento intelectual puro y transcendente, mientras que la ciencia no es, por definición misma, más que el conocimiento racional; la metafísica es esencialmente suprarracional, y es menester que sea eso o que no sea en absoluto. Ahora bien, el racionalismo no consiste en afirmar simplemente que la razón vale algo, lo que sólo es contestado por los escépticos, sino en sostener que nada hay por encima de ella, y por consiguiente que no hay conocimiento posible más allá del conocimiento científico; así, el racionalismo implica necesariamente la negación de la metafísica. Casi todos los filósofos modernos son racionalistas, de una manera más o menos estrecha y más o menos explícita; en aquellos que no lo son, no hay más que sentimentalismo y voluntarismo, lo que no es menos antimetafísico, porque, si se admite entonces algo diferente de la razón, es por debajo de ella donde se busca, en lugar de buscarlo por encima; el intelectualismo verdadero está al menos tan alejado del racionalismo como puede estarlo del intuicionismo contemporáneo, pero lo está exactamente en sentido inverso. En estas condiciones, si un filósofo moderno pretende hacer metafísica, se puede estar seguro de que aquello a lo que da este nombre no tiene absolutamente nada de común con la metafísica verdadera, y ello es efectivamente así; no podemos acordar a esas cosas otra denominación que la de «pseudometafísica», y, si no obstante, a veces se encuentran en ella algunas consideraciones válidas, se refieren en realidad al orden científico puro y simple. Por consiguiente, ausencia completa del conocimiento metafísico, negación de todo otro conocimiento que el científico, limitación arbitraria del conocimiento científico mismo a algunos dominios particulares con exclusión de los demás, éstos son caracteres generales del pensamiento propiamente moderno; he aquí hasta qué grado de bajeza intelectual ha llegado el Occidente, desde que salió de las vías que son normales al resto de la humanidad.

La metafísica es el conocimiento de los principios de orden universal, de los que todas las cosas dependen necesariamente, directa o indirectamente; así pues, allí donde la metafísica está ausente, todo conocimiento que subsiste, en cualquier orden que sea, carece verdaderamente de principio, y, si con eso gana algo en independencia (no de derecho sino de hecho), pierde mucho más en alcance y en profundidad. Por esto es por lo que la ciencia occidental es, si se puede decir, completamente superficial; al dispersarse en la multiplicidad indefinida de los conocimientos fragmentarios, al perderse en el detalle innumerable de los hechos, no aprende nada de la verdadera naturaleza de las cosas, que declara inaccesible para justificar su impotencia a este respecto; así su interés es mucho más práctico que especulativo. Si a veces hay ensayos de unificación de ese saber eminentemente analítico, son puramente artificiales y no reposan nunca más que sobre hipótesis más o menos arriesgadas; así se derrumban unas tras otras, y no parece que una teoría científica de alguna amplitud sea capaz de durar más de medio siglo como máximo. Por lo demás, la idea occidental según la cual la síntesis es como una resultante y una conclusión del análisis es radicalmente falsa; la verdad es que, por el análisis, no se puede llegar nunca a una síntesis digna de este nombre, porque son cosas que no son del mismo orden; y la naturaleza del análisis es poder proseguirse indefinidamente, si el dominio en el que se ejerce es susceptible de una tal extensión, sin que por ello se esté más avanzado en cuanto a la adquisición de una visión de conjunto sobre ese dominio; con mayor razón es perfectamente ineficaz para obtener un vinculamiento a principios de orden superior. El carácter analítico de la ciencia moderna se traduce por la multiplicación sin cesar creciente de las «especialidades», cuyos peligros Augusto Comte mismo no ha podido evitar denunciar; esta «especialización», tan elogiada por algunos sociólogos bajo el nombre de «división del trabajo», es con toda seguridad el mejor medio de adquirir esa «miopía intelectual» que parece formar parte de las cualificaciones requeridas del perfecto «cientificista», y sin la cual, por lo demás, el «cientificismo» mismo no tendría apenas audiencia. Así pues, los «especialistas», desde que se les saca de su dominio, hacen prueba generalmente de una increíble ingenuidad; nada es más fácil que imponerse a ellos, y eso es lo que suscita una buena parte del éxito de las teorías más descabelladas, por poco cuidado que se tenga en llamarlas «científicas»; las hipótesis más gratuitas, como la de la «evolución» por ejemplo, toman entonces figura de «leyes» y son tenidas por probadas; si ese éxito no es más que pasajero, se dejan a un lado para encontrar seguidamente otra cosa, que es siempre aceptada con una igual facilidad. Las falsas síntesis, que se esfuerzan en sacar lo superior de lo inferior (curiosa transposición de la concepción democrática), no pueden ser nunca más que hipotéticas; al contrario, la verdadera síntesis, que parte de los principios, participa de su certeza; pero, bien entendido, para eso es menester partir de verdaderos principios, y no de simples hipótesis filosóficas a la manera de Descartes. En suma, la ciencia, al desconocer los principios y al negarse a vincularse a ellos, se priva a la vez de la garantía más alta que pueda recibir y de la dirección más segura que pueda dársele; ya no es válido en ella más que los conocimientos de detalle, y, cuando quiere elevarse un grado, deviene dudosa y vacilante. Otra consecuencia de lo que acabamos de decir en cuanto a las relaciones del análisis y de la síntesis, es que el desarrollo de la ciencia, tal como le conciben los modernos, no extiende realmente su dominio: la suma de los conocimientos parciales puede crecer indefinidamente en el interior de ese dominio, no por profundización, sino por división y subdivisión llevadas cada vez más lejos; es verdaderamente la ciencia de la materia y de la multitud. Por lo demás, aunque hubiera una extensión real, lo que puede ocurrir excepcionalmente, sería siempre en el mismo orden, y esa ciencia no sería por eso capaz de elevarse más alto; constituida como lo está, se encuentra separada de los principios por un abismo que nada puede, no decimos hacerle franquear, sino disminuir siquiera en las más ínfimas proporciones.

Cuando decimos que las ciencias, incluso experimentales, tienen en Oriente una base tradicional, queremos decir que, contrariamente a lo que tiene lugar en Occidente, están siempre vinculadas a algunos principios; éstos no son perdidos de vista nunca, y las cosas contingentes mismas parecen no valer la pena de ser estudiadas sino en tanto que consecuencias y manifestaciones exteriores de algo que es de otro orden. Ciertamente, el conocimiento metafísico y el conocimiento científico no permanecen por ello menos profundamente distintos; pero no hay entre ellos una discontinuidad absoluta, como la que se constata cuando uno considera el estado presente del conocimiento científico en los occidentales. Para tomar un ejemplo en Occidente mismo, no hay más que considerar toda la distancia que separa el punto de vista de la cosmología de la antigüedad y de la edad media, y el de la física tal como la entienden los sabios modernos; nunca, antes de la época actual, el estudio del mundo sensible había sido considerado como bastándose a sí mismo; jamás la ciencia de esa multiplicidad cambiante y transitoria habría sido juzgada verdaderamente digna del nombre de conocimiento si no se hubiera encontrado el medio de ligarla, a un grado o a otro, a algo estable y permanente. La concepción antigua, que ha permanecido siempre la de los orientales, tenía a una ciencia cualquiera por válida menos en sí misma que en la medida en la que aquella expresaba a su manera particular y representaba en un cierto orden de cosas un reflejo de la verdad superior, inmutable, de la que participa necesariamente todo lo que posee alguna realidad; y, como los caracteres de esta verdad se encarnaban de algún modo en la idea de tradición, toda ciencia aparecía así como un prolongamiento de la doctrina tradicional misma, como una de sus aplicaciones, sin duda secundarias y contingentes, accesorias y no esenciales, que constituían un conocimiento inferior si se quiere, pero no obstante un verdadero conocimiento, puesto que conservaba un lazo con el conocimiento por excelencia, a saber, el del orden intelectual puro. Como se ve, esta concepción no podría acomodarse a ningún precio al grosero naturalismo de hecho que encierra a nuestros contemporáneos únicamente en el dominio de las contingencias, e incluso, más exactamente, en una estrecha porción de este dominio[13]; y, lo repetimos, como los orientales no han variado en eso y no pueden hacerlo sin renegar de los principios sobre los que reposa toda su civilización, las dos mentalidades parecen decididamente incompatibles; pero, puesto que es Occidente el que ha cambiado, y el que por lo demás cambia sin cesar, quizás llegará un momento en el que su

---

[13] Decimos naturalismo de hecho porque esta limitación es aceptada por muchas gentes que no hacen profesión de naturalismo en el sentido más especialmente filosófico; de igual modo hay una mentalidad positivista que no supone de ningún modo la adhesión al positivismo en tanto que sistema.

mentalidad se modifique finalmente en un sentido favorable y se abra a una comprehensión más vasta, y entonces esta incompatibilidad se desvanecerá por sí sola.

Pensamos haber mostrado suficientemente hasta qué punto está justificada la apreciación de los orientales sobre la ciencia occidental; y, en estas condiciones, no hay más que una cosa que pueda explicar la admiración sin límites y el respeto supersticioso de que es objeto esta ciencia: es que está en perfecta armonía con las necesidades de una civilización puramente material. En efecto, no es de especulación desinteresada de lo que se trata; lo que toca a los espíritus en los que todas las preocupaciones están vueltas hacia el exterior, son las aplicaciones a las que la ciencia da lugar, es su carácter ante todo práctico y utilitario; y es sobre todo gracias a las invenciones mecánicas como el espíritu «cientificista» ha adquirido su desarrollo. Son esas invenciones las que han suscitado, desde el comienzo del siglo XIX, un verdadero delirio de entusiasmo, porque parecían tener como objetivo ese crecimiento del bienestar corporal que es manifiestamente la principal aspiración del mundo moderno; y, por lo demás, sin darse cuenta de ello, se creaban así más necesidades nuevas de las que se podían satisfacer, de suerte que, incluso desde este punto de vista muy relativo, el progreso es algo muy ilusorio; y, una vez lanzado en esta vía, ya no parece posible detenerse, siempre es menester algo nuevo. Pero, sea como sea, son estas aplicaciones, confundidas con la ciencia misma, las que han hecho sobre todo el crédito y el prestigio de ésta; esta confusión, que no podía producirse más que en gentes ignorantes de lo que es la especulación pura, incluso en el orden científico, ha devenido tan ordinaria que en nuestros días, si se abre no importa cuál publicación, se encuentra en ella designado constantemente bajo el nombre de «ciencia» lo que debería llamarse propiamente «industria»; el tipo de «sabio», en el espíritu de la mayoría, es el ingeniero, el inventor o el constructor de máquinas. En lo que se refiere a las teorías científicas, se han beneficiado de ese estado de espíritu, mucho más de lo que lo han suscitado; si aquellos mismos que son los menos capaces de comprenderlas las aceptan con confianza y las reciben como verdaderos dogmas (y cuanto menos comprenden tanto más fácilmente se ilusionan), es porque las consideran, con razón o sin ella, como solidarias de esas invenciones que les parecen tan maravillosas. A decir verdad, esa solidaridad es mucho más aparente que real; las hipótesis más o menos inconsistentes no cuentan para nada en esos descubrimientos y en esas aplicaciones sobre cuyo interés las opiniones pueden diferir, pero que tienen en todo caso el mérito de ser algo efectivo; e, inversamente, todo lo que pueda ser realizado en el orden práctico no probará nunca la verdad de una hipótesis cualquiera. Por lo demás, de una manera más general, no podría haber, hablando propiamente, verificación experimental de una hipótesis, ya que es siempre posible encontrar varias teorías por las que los mismos hechos se explican igualmente bien; se pueden eliminar algunas hipótesis cuando uno se da cuenta de que están en contradicción con los hechos, pero las que subsisten siguen siendo siempre simples hipótesis y nada más; no es así como se podrán obtener nunca certezas. Únicamente, para hombres que no aceptan más que el hecho bruto, que no tienen otro criterio de la verdad que la «experiencia» entendida únicamente como la constatación de los fenómenos sensibles, no puede plantearse ir más lejos o proceder de otro modo, y entonces no hay más que dos actitudes posibles: o bien tomar partido por el carácter hipotético de las teorías científicas y renunciar a toda certeza superior a la simple evidencia sensible; o bien desconocer ese carácter hipotético y creer ciegamente en todo lo que se enseña en el nombre de la «ciencia». La primera actitud, ciertamente más inteligente que la segunda (teniendo en cuenta los límites de la inteligencia «científica»), es la de algunos sabios que, menos ingenuos que los demás, se niegan a ser engañados por sus propias hipótesis o las de sus cofrades; así llegan, para todo lo que no depende de la práctica inmediata, a una suerte de escepticismo más o menos completo o al menos de probabilismo: es el «agnosticismo» que ya no se aplica sólo a lo que rebasa el dominio científico, sino que se extiende al orden científico mismo; y no salen de esa actitud negativa más que por un pragmatismo más o menos consciente, que reemplaza, como en el caso de Henri Poincaré, la consideración de la verdad de una hipótesis por la de su comodidad; ¿y no es esto una confesión de incurable ignorancia?.

No obstante, la segunda actitud, que se puede llamar dogmática, es mantenida con más o menos sinceridad por otros sabios, pero sobre todo por aquellos que se creen obligados a afirmarla por las necesidades de la enseñanza; parecer siempre seguro de sí y de lo que se dice, disimular las dificultades y las incertidumbres, no enunciar nunca bajo una forma dubitativa, es en efecto el medio más fácil de hacerse tomar en serio y de adquirir autoridad cuando se trata a un público generalmente incompetente e incapaz de discernimiento, ya sea que uno se dirija a alumnos, o ya sea que se quiera hacer obra de vulgarización. Esa misma actitud es tomada naturalmente, y esta vez de una manera incontestablemente sincera, por aquellos que reciben una tal enseñanza; comúnmente es también la actitud de lo que se llama el «gran público», y el espíritu «cientificista» puede ser observado en toda su plenitud, con ese carácter de creencia ciega, en los hombres que no poseen más que una instrucción a medias, en los medios donde reina la mentalidad que se califica frecuentemente de «primaria», aunque no sea el patrimonio exclusivo del grado de enseñanza que lleva esta designación.

Hemos pronunciado hace un momento la palabra «vulgarización»; se trata también de una cosa completamente particular a la civilización moderna, y se puede ver en ello uno de los principales factores de este estado de espíritu que tratamos de describir al presente. Es una de las formas que reviste esa extraña necesidad de propaganda de la que está animado el espíritu occidental, y que no puede explicarse más que por la influencia preponderante de los elementos sentimentales; ninguna consideración intelectual justifica el proselitismo, en el que los orientales no ven más que una prueba de ignorancia y de incomprehensión; son dos cosas enteramente diferentes exponer simplemente la verdad tal como se ha comprendido, no aportándole más que la única preocupación de no desnaturalizarla, y querer a toda costa hacer participar a los demás en la propia convicción. La propaganda y la vulgarización no son posibles más que en detrimento de la verdad: pretender poner ésta «al alcance de todo el mundo», hacerla accesible a todos indistintamente, es necesariamente disminuirla y deformarla, ya que es imposible admitir que todos los hombres son igualmente capaces de comprender no importa qué; no es una cuestión de instrucción más o menos extensa, es una cuestión de «horizonte intelectual», y eso es algo que no puede modificarse, que es inherente a la naturaleza misma de cada individuo humano. El prejuicio quimérico de la «igualdad» va contra los hechos mejor establecidos, en el orden intelectual tanto como en el orden físico;

es la negación de toda jerarquía natural, y el rebaje de todo conocimiento al nivel del entendimiento limitado del vulgo. Ya no se quiere admitir nada que rebase la comprehensión común, y, efectivamente, las concepciones científicas y filosóficas de nuestra época, sean cuales sean sus pretensiones, son en el fondo de la más lamentable mediocridad; se ha logrado eliminar todo lo que hubiera podido ser incompatible con la preocupación de la vulgarización. Digan lo que digan algunos, la constitución de una elite cualquiera es incompatible con el ideal democrático; lo que exige éste, es la distribución de una enseñanza rigurosamente idéntica a los individuos más desigualmente dotados, más diferentes en aptitudes y en temperamento; a pesar de todo, no se puede impedir que esta enseñanza produzca resultados muy variables también, aunque eso sea contrario a las intenciones de aquellos que la han instituido. En todo caso, un tal sistema de instrucción es ciertamente el más imperfecto de todos, y la difusión desconsiderada de cualquier conocimiento es siempre más perjudicial que útil, ya que no puede conducir, de una manera general, más que a un estado de desorden y de anarquía. Es a una tal difusión a lo que se oponen los métodos de la enseñanza tradicional, tal como existe por todas partes en Oriente, donde se estará siempre mucho más persuadido de los inconvenientes muy reales de la «instrucción obligatoria» que de sus supuestos beneficios. Aunque los conocimientos que el público occidental puede tener a su disposición no tienen nada de transcendente, aún se empequeñecen más en las obras de vulgarización, que no exponen más que sus aspectos más inferiores, y que los falsean además para simplificarlos; y esas obras insisten complacidamente sobre las hipótesis más fantasiosas, dándolas audazmente como verdades demostradas, y acompañándolas de esas ineptas declamaciones que agradan tanto a la muchedumbre. Una semiciencia adquirida por tales lecturas, o por una enseñanza cuyos elementos estén sacados todos de manuales del mismo valor, es mucho más nefasta que la ignorancia pura y simple; vale más no conocer nada en absoluto que tener el espíritu atestado de ideas falsas, frecuentemente indesarraigables, sobre todo cuando han sido inculcadas desde la edad más joven. El ignorante guarda al menos la posibilidad de aprender si encuentra la ocasión para ello; puede poseer un «buen sentido» natural, que, junto a la consciencia que tiene ordinariamente de su incompetencia, basta para evitarle muchas necedades. Al contrario, el hombre que ha recibido una semiinstrucción, tiene casi siempre una mentalidad deformada, y lo que cree saber le da una tal suficiencia que imagina poder hablar de todo indistintamente; y lo hace sin ton ni son, pero tanto más fácilmente cuanto más incompetente es: ¡todas las cosas parecen muy simples a quien no conoce nada!

Por otra parte, incluso dejando de lado los inconvenientes de la vulgarización propiamente dicha, y considerando la ciencia occidental en su totalidad y bajo sus aspectos más auténticos, la pretensión que pregonan los representantes de esta ciencia de poderla enseñar a todos sin ninguna reserva es también un signo de evidente mediocridad. A los ojos de los orientales, aquello cuyo estudio no requiere ninguna cualificación particular no puede tener gran valor y no podría contener nada verdaderamente profundo; y, en efecto, la ciencia occidental es completamente exterior y superficial; para caracterizarla, en lugar de decir «saber ignorante», diríamos también de buena gana, y casi en el mismo sentido, «saber profano». Desde este punto de vista, aún más que desde los otros, la filosofía no se distingue verdaderamente de la ciencia: a veces se la ha querido definir como la «sabiduría humana»; eso es cierto, pero a condición de insistir sobre el hecho de que no es más que eso, es decir, una sabiduría puramente humana, en la acepción más limitada de esta palabra, que no hace llamada a ningún elemento de un orden superior a la razón; para evitar todo equívoco, la llamaríamos también «sabiduría profana», pero eso equivale a decir que, en el fondo, no es una sabiduría sino su apariencia ilusoria. No insistiremos aquí sobre las consecuencias de este carácter «profano» de todo el saber occidental moderno; pero para mostrar aún hasta qué punto este saber es superficial y ficticio, señalaremos que los métodos de instrucción en uso tienen como efecto poner la memoria casi enteramente en el lugar de la inteligencia: lo que se pide a los alumnos, en todos los grados de la enseñanza, es que acumulen conocimientos, no que los asimilen; se les aplica sobre todo a cosas cuyo estudio no exige ninguna comprensión; los hechos sustituyen a las ideas, y la erudición se toma comúnmente por ciencia real. Para promover o desacreditar tal o cual rama de conocimiento, tal o cual método, basta proclamar que es o no es «científico»; lo que se tiene oficialmente por «métodos científicos», son los procedimientos de la erudición más ininteligible, más exclusiva de todo lo que no es la investigación de los hechos por los hechos mismos, hasta en sus detalles más insignificantes; y, cosa digna de observar, son los «literarios» los que más abusan de esa denominación. El prestigio de esta etiqueta «científico», aunque no es verdaderamente nada más que una etiqueta, es el triunfo del espíritu «cientificista» por excelencia; y este respeto que impone a la muchedumbre (comprendidos los pretendidos «intelectuales») el empleo de una simple palabra, ¿no tenemos razón al llamarle «superstición de la ciencia»?

Oriente y Occidente

Naturalmente, la propaganda «cientificista» no se ejerce solo en el interior, bajo la doble forma de la «instrucción obligatoria» y de la vulgarización; se prosigue sistemáticamente también en el exterior, como todas las demás variedades del proselitismo occidental. Por todas partes donde los europeos se han instalado, han querido extender los supuestos «beneficios de la instrucción», y siempre según los mismos métodos, sin intentar la menor adaptación, y sin preguntarse si no existe ya allí algún otro género de instrucción; todo lo que no viene de ellos debe tenerse por nulo e inexistente, y la «igualdad» no permite a los diferentes pueblos y a las diferentes razas tener su mentalidad propia; por lo demás, el principal «beneficio» que esperan de esta instrucción aquellos que la imponen, es probablemente, siempre y por todas partes, la destrucción del espíritu tradicional. Por lo demás, desde que salen de su casa, la «igualdad» tan querida por los occidentales se reduce únicamente a la uniformidad; el resto de lo que implica no es artículo de exportación y no concierne más que a las relaciones de los occidentales entre sí, ya que se creen incomparablemente superiores a todos los demás hombres, entre los cuales no hacen apenas distinciones: es así que los negros más bárbaros y los orientales más cultivados son tratados casi de la misma manera, puesto que están igualmente fuera de la única «civilización» que tenga derecho a la existencia. Así pues, los europeos se limitan generalmente a enseñar los más rudimentarios de todos sus conocimientos; no es difícil figurarse cómo deben ser apreciados por los orientales, para quienes incluso lo que hay de más elevado en esos conocimientos aparece como notable precisamente por su estrechez y teñido de una simpleza bastante grosera. Como los pueblos que tienen una civilización propia se muestran más bien refractarios a esta instrucción tan jaleada, mientras que los pueblos sin cultura la sufren mucho más dócilmente, los occidentales no están lejos quizás de juzgar a los segundos superiores a los primeros; reservan una estima al menos relativa a aquellos que consideran como susceptibles de «elevarse» a su nivel, aunque no sea sino después de algunos siglos del régimen de «instrucción obligatoria» y elemental. Desafortunadamente, lo que los occidentales llaman «elevarse», hay quienes, en lo que les concierne, lo llamarían «rebajarse»; y eso es lo que piensan a este respecto todos los orientales, incluso si no lo dicen, y si prefieren, como ocurre lo más frecuentemente, encerrarse en el silencio más desdeñoso, dejando (hasta tal punto eso les importa poco) a la vanidad occidental libre de interpretar su actitud como le plazca.

Los europeos tienen una opinión tan alta de su ciencia que creen en su prestigio irresistible, y se imaginan que los demás pueblos deben caer presa de admiración ante sus descubrimientos más insignificantes; este estado de espíritu, que les conduce a veces a singulares errores, no es completamente nuevo, y hemos encontrado en Leibnitz un ejemplo de él bastante divertido. Se sabe que este filósofo había concebido el proyecto de establecer lo que él llamaba una «característica universal», es decir, una suerte de álgebra generalizada, aplicable a las nociones de todo orden, en lugar de estar restringida únicamente a las cuantitativas; por lo demás, esta idea le había sido inspirada por algunos autores de la edad media, concretamente Raimond Lull y Trithemo. Ahora bien, en el curso de los estudios que hizo para intentar realizar este proyecto, Leibnitz fue llevado a preocuparse de la significación de los caracteres ideográficos que constituyen la escritura china, y más particularmente de las figuras simbólicas que forman la base del *Yi-King*; vamos a ver cómo comprendió estos últimos: «Leibnitz, dice L. Couturat, creía haber encontrado por su numeración binaria (numeración que no emplea más que los signos 0 y 1, y en la que él veía una imagen de la creación *ex nihilo*) la interpretación de los caracteres de Fo-hi, símbolos chinos misteriosos y de una alta antigüedad, cuyo sentido no conocían ni los misioneros europeos ni los chinos mismos... Proponía emplear esa interpretación, para la propagación de la fe en China, teniendo en cuenta que era apropiada para dar a los chinos una elevada idea de la ciencia europea, y para mostrar el acuerdo de ésta con las tradiciones venerables y sagradas de la sabiduría china. Juntó esta interpretación a la exposición de su aritmética binaria que envió a la Academia de las Ciencias de París»[14]. He aquí, en efecto, lo que leemos textualmente en la memoria de que se trata: «Lo que hay de sorprendente en este cálculo (de la aritmética binaria), es que esta aritmética por 0 y 1 se encuentra que contiene el misterio de las líneas de un antiguo rey y filósofo llamado Fohy, que se cree que vivió hace más de cuatro mil años[15], y que los chinos consideran como el fundador de su imperio y de sus ciencias. Hay varias figuras lineales que se le atribuyen, y que equivalen todas a esta aritmética; pero basta poner aquí la *Figura de los ocho Cova*[16], como se la llama, que pasa

---

[14] La Logique de Leibnitz, pp. 474-475.

[15] La fecha exacta es 3468 antes de la era Cristiana, según una cronología basada sobre la descripción precisa del estado del cielo en aquella época; agregaremos que el nombre de Fo-hi sirve en realidad de designación a todo un periodo de la historia china.

[16] *Koua* es el nombre chino de los «trigramas», es decir, de las figuras que se obtienen juntando tres a tres, de todas las maneras posibles, trazos plenos y quebrados, que son efectivamente en número de ocho.

por fundamental, y adjuntarle la explicación que es manifiesta, siempre que se observe primeramente que una línea recta entera significa la unidad ó 1, y en segundo lugar que una línea quebrada significa el cero ó 0. Los chinos han perdido la significación de los *Cova* o Lineaciones de Fohy, quizás desde hace más de mil años, y han hecho comentarios al respecto, donde han buscado no se sabe muy bien qué sentidos lejanos, de suerte que ha sido menester que la verdadera explicación les venga ahora de los europeos. He aquí como: apenas hace más de dos años que envié a R. P. Bouvet, jesuita francés célebre, que reside en Pekín, mi manera de contar por 0 y 1, y no ha hecho falta más para hacerle reconocer que tal es la clave de las figuras de Fohy. Así, al escribirme el 14 de noviembre de 1701, me envió la gran figura de ese Príncipe Filósofo que va a 64[17], y que ya no deja dudas de la verdad de nuestra interpretación, de suerte que se puede decir que ese padre ha descifrado el enigma de Fohy, con la ayuda de lo que yo le había comunicado. Y como estas figuras son quizás el monumento de ciencia más antiguo que haya en el mundo, esta restitución de su sentido, después de un intervalo de tiempo tan grande, parecerá tanto más curiosa… Y este acuerdo me da una gran opinión de la profundidad de las meditaciones de Fohy. Ya que lo que nos parece fácil ahora, no lo era en absoluto en aquellos tiempos lejanos… Ahora bien, como se cree en la China que Fohy es también autor de los caracteres chinos, aunque muy alterados

---

[17] Se trata aquí de los sesenta y cuatro «hexagramas» de Wen-wang, es decir, de las figuras de seis trazos formadas combinando los ocho «trigramas» dos a dos. Anotamos de pasada que la explicación de Leibnitz es completamente incapaz de explicar, entre otras cosas, por qué estos «hexagramas», así como los «trigramas» de los que se derivan, se disponen siempre en un tablero de forma *circular*.

por el paso de los tiempos, su ensayo de aritmética hace juzgar que podría encontrarse también en él algo considerable en relación a los números y a las ideas, si se pudiera desentrañar el fundamento de la escritura china, tanto más cuanto que en la China se cree que Fohy tuvo en consideración los números al establecerla. El R. P. Bouvet se siente muy inclinado a impulsar este punto, y es muy capaz de hacerle destacar de muchas maneras. No obstante, yo no sé si ha habido nunca en la escritura china una ventaja que se acerque a lo que debe haber necesariamente en una Característica como la que yo proyecto. Así, todo razonamiento que se puede sacar de las nociones, podría sacarse de sus Caracteres por una manera de cálculo, que sería uno de los medios más importantes de ayudar al espíritu humano»[18]. Hemos tenido que reproducir extensamente este curioso documento, que permite medir hasta dónde podía llegar la comprehensión de aquél que consideramos no obstante como el más «inteligente» de todos los filósofos modernos: Leibnitz estaba persuadido de antemano que su «característica», que por lo demás no llegó a constituir nunca (y los «logísticos» de hoy día

---

[18] Explication de l'Arithmétique binaire, qui se sert des seuls caractères 0 et 1, avec des remarques sur son utilité, et sur ce qu'elle donne le sens des anciennes figures chinoises de Fohy, Mémoires de l'Académio des Sciences, 1703: Ouvres mathématiques de Leibnitz, éd. Gerhardt, t. VII, pp. 226-227. — Ver también De Dyadicis: ibid., t. VII, pp. 233-234. Ese texto termina así: «Ita mirum accidit, ut res ante ter et amplius (millia) annos nota in extremo nostri continentis oriente, nunc in extremo ejus occidente, sed melioribus ut spero auspiciis resuscitaretur. Nam non apparet, antea usum hujus characterismi ad augendam numerorum scientiam innotuisse. Sinenses vero ipsi ne Arithmeticam quidem rationem intelligentes nescio quos mysticos significatus in characteribus mere numeralibus sibi fingebant».

no están apenas más avanzados), no podría dejar de ser muy superior a la ideografía china; y lo mejor de todo, es que piensa que hace un gran honor a Fo-hi al atribuirle un «ensayo de aritmética» y la primera idea de su pequeño juego de numeración. Nos parece ver aquí la sonrisa de los chinos, si se les hubiera presentado esta interpretación un poco pueril, que habría estado muy lejos de darles «una idea elevada de la ciencia europea», pero que habría sido adecuada para hacerles apreciar muy exactamente su alcance real. La verdad es que los chinos nunca han «perdido la significación», o más bien las significaciones de los símbolos de que se trata; únicamente, no se creían obligados a explicárselos al primero que llega, sobre todo si juzgaban que eso sería un trabajo perdido; y Leibnitz, al hablar de «yo no sé qué sentidos lejanos», confiesa en suma que no comprende nada. Son esos sentidos, cuidadosamente conservados por la tradición (a la que los comentarios no hacen más que seguir fielmente) los que constituyen la «verdadera explicación», y por lo demás no tienen nada de «místico»; ¿pero qué mejor prueba de incomprehensión se podría dar que tomar símbolos metafísicos por «caracteres puramente numerales»? Símbolos metafísicos, he aquí en efecto lo que son esencialmente los «trigramas» y los «hexagramas», representación sintética de teorías susceptibles de recibir desarrollos ilimitados, y susceptibles también de adaptaciones múltiples, si, en lugar de quedarse en el dominio de los principios, se quiere hacer aplicación de ellos a tal o cual orden determinado. Leibnitz se habría sorprendido mucho si se le hubiera dicho que su interpretación aritmética encontraba lugar también entre esos sentidos que rechazaba sin conocerlos, pero solo en un rango completamente accesorio y subordinado; ya que esa interpretación no es falsa en sí misma, y es perfectamente compatible con todas las demás, pero es completamente incompleta e insuficiente, insignificante incluso cuando se considera aisladamente, y no puede cobrar interés más que en virtud de la correspondencia analógica que liga los sentidos inferiores al sentido superior, conformemente a lo que hemos dicho de la naturaleza de las «ciencias tradicionales». El sentido superior, es el sentido metafísico puro; todo lo demás, no son más que aplicaciones diversas, más o menos importantes, pero siempre contingentes: es así que puede haber una aplicación aritmética como hay una indefinidad de otras, como hay por ejemplo una aplicación lógica, que hubiera podido servir más al proyecto de Leibnitz si éste la hubiera conocido, como hay una aplicación social, que es el fundamento del Confucionismo, como hay una aplicación astronómica, la única que los japoneses hayan podido aprehender nunca[19], como hay incluso una aplicación adivinatoria, que los chinos consideran por lo demás como una de las más inferiores de todas, y cuya practica abandonan a los juglares errantes. Si Leibnitz se hubiera encontrado en contacto directo con los chinos, éstos quizás le hubieran explicado (pero, ¿lo habría comprendido?) que incluso las cifras de las que se servía podían simbolizar ideas de un orden mucho más profundo que las ideas matemáticas, y que es en razón de un tal simbolismo como los números desempeñaban un papel en la formación de los ideogramas, no menos que en la expresión de las doctrinas pitagóricas (lo que muestra que estas cosas no eran ignoradas por la antigüedad occidental). Los chinos habrían podido aceptar

---

[19] La traducción francesa del *Yi-King* por Philastro (*Annales du Musée Guimet*, t. VIII y t. XXIII), que por otra parte es una obra extremadamente notable, tiene el defecto de considerar demasiado exclusivamente el sentido astronómico.

incluso la notación por 0 y 1, y tomar estos «caracteres puramente numéricos» para representar simbólicamente las ideas metafísicas del *yin* y del *yang* (que, por lo demás, no tienen nada que ver con la concepción de la creación *ex nihilo*), aun con muy buenas razones para preferir, como más adecuada, la representación proporcionada por las «lineaciones» de Fo-hi, cuyo objeto propio y directo está en el dominio metafísico. Hemos desarrollado este ejemplo porque muestra claramente la diferencia que existe entre el sistematismo filosófico y la síntesis tradicional, entre la ciencia occidental y la sabiduría oriental; con este ejemplo, que tiene para nosotros, él también, un valor de símbolo, no es difícil reconocer de qué lado se encuentran la incomprehensión y la estrechez de miras[20]. Leibnitz, al pretender comprender los símbolos chinos mejor que los chinos mismos, es un verdadero precursor de los orientalistas, que tienen, los alemanes sobre todo, la misma pretensión respecto a todas las concepciones y a todas las doctrinas orientales, y que se niegan totalmente a tener en cuenta el punto de vista de los representantes autorizados de esas doctrinas: hemos citado en otra parte el caso de Deussen imaginándose explicar Shankarâchârya a los hindúes, e

---

[20] Recordaremos aquí lo que hemos dicho de la pluralidad de sentidos de todos los textos tradicionales, y especialmente de los ideogramas chinos: *Introducción general al estudio de las doctrinas hindúes*, 2ª parte, cap. IX. — Agregaremos también esta cita tomada de Philastro: «En chino, la palabra (o el carácter) no tiene casi nunca un sentido absolutamente definido y limitado; el sentido resulta muy generalmente de la posición en la frase, pero ante todo de su empleo en tal o cual libro más antiguo y de la interpretación admitida en ese caso... La palabra no tiene valor más que por sus acepciones tradicionales» (*Yi-king*, 1ª parte, p. 8).

interpretándole a través de las ideas de Schopenhauer; éstas son manifestaciones propias de una sola y misma mentalidad.

A propósito de esto, debemos hacer aún una última observación: es que los occidentales, que proclaman tan insolentemente en toda ocasión la creencia en su propia superioridad y en la de su ciencia, están verdaderamente muy equivocados cuando tratan a la sabiduría oriental de «orgullosa», como algunos de entre ellos lo hacen a veces, bajo pretexto de que no se sujeta a las limitaciones que les son habituales, y porque no pueden soportar lo que les rebasa; es éste uno de los defectos habituales de la mediocridad, y es lo que constituye el fondo del espíritu democrático. El orgullo, en realidad, es algo completamente occidental; la humildad también, por lo demás, y, por paradójico que eso pueda parecer, hay una solidaridad bastante estrecha entre esos dos contrarios: es un ejemplo de la dualidad que domina todo el orden sentimental, y de la que el carácter propio de las concepciones morales proporciona la prueba más concluyente, ya que las nociones de bien y de mal no podrían existir más que por su oposición misma. En realidad, el orgullo y la humildad son igualmente extraños e indiferentes a la sabiduría oriental (podríamos decir también a la sabiduría sin epíteto), porque ésta es de esencia puramente intelectual, y enteramente desprovista de toda sentimentalidad; sabe que el ser humano es a la vez mucho menos y mucho más de lo que creen los occidentales, los de hoy día al menos, y sabe también qué es exactamente lo que el hombre debe ser para ocupar el lugar que le está asignado en el orden universal. El hombre, queremos decir la individualidad humana, no tiene de ninguna manera una situación privilegiada o excepcional, ni en un sentido ni en otro; no está ni arriba ni abajo en la escala de los seres; representa simplemente, en la jerarquía de las existencias, un estado como los demás, entre una indefinidad de otros, de los que muchos le son superiores, y de los que muchos también le son inferiores. No es difícil constatar, a ese respecto mismo, que la humildad se acompaña gustosamente de un cierto género de orgullo: por la manera en que se busca a veces en Occidente rebajar al hombre, se encuentra siempre el medio de atribuirle al mismo tiempo una importancia que no podría tener realmente, al menos en tanto que individualidad; quizás hay en eso un ejemplo de esa suerte de hipocresía inconsciente que es, a un grado o a otro, inseparable de todo «moralismo», y en la que los orientales ven bastante generalmente uno de los caracteres específicos de lo Occidental. Por lo demás, no siempre existe ese contrapeso de la humildad; hay también, en buen número de otros occidentales, una verdadera deificación de la razón humana, que se adora a sí misma, sea directamente, sea a través de la ciencia que es su obra; es la forma más extrema del racionalismo y del «cientificismo», pero es también su conclusión más natural y, sobre todo, la más lógica. En efecto, cuando no se conoce nada más allá de esta ciencia y de esta razón, se puede tener la ilusión de su supremacía absoluta; cuando no se conoce nada superior a la humanidad, y más especialmente a este tipo de humanidad que representa el Occidente moderno, se puede estar tentado de divinizarla, sobre todo si el sentimentalismo se mezcla en ello (y ya hemos mostrado que está lejos de ser incompatible con el racionalismo). Todo eso no es más que la consecuencia inevitable de esta ignorancia de los principios que hemos denunciado como el vicio capital de la ciencia occidental; y, a pesar de las protestas de Littré, no pensamos que Augusto Comte se haya desviado lo más mínimo del positivismo al querer instaurar una «religión de la

Humanidad»; este «misticismo» especial no era nada más que un intento de fusión de las dos tendencias características de la civilización moderna. Más aún, existe incluso un pseudomisticismo materialista: hemos conocido a gentes que llegaban hasta declarar que, aún cuando no tuvieran ningún motivo racional para ser materialistas, no obstante lo seguirían siendo, únicamente porque es «más bello hacer el bien» sin esperar ninguna recompensa posible. Estas gentes, sobre cuya mentalidad el «moralismo» ejerce una influencia tan poderosa (y su moral, aunque se titula «científica», por ello no es menos puramente sentimental en el fondo), son naturalmente de aquellos que profesan la «religión de la ciencia»; como eso no puede ser en verdad más que una «pseudoreligión» es mucho más justo, desde nuestro punto de vista, llamar a eso «superstición de la ciencia»; una creencia que no reposa más que sobre la ignorancia (incluso «sabia») y sobre vanos prejuicios, no merece ser considerada de otro modo que como una vulgar superstición.

Capítulo III

LA SUPERSTICIÓN DE LA VIDA

Los occidentales reprochan frecuentemente a las civilizaciones orientales, entre otras cosas, su carácter de fijeza y de estabilidad, que les parece como la negación del progreso, y que lo es en efecto, se lo reconocemos de buena gana; pero, para ver en eso un defecto, es menester creer en el progreso. Para nosotros, este carácter indica que esas civilizaciones participan de la inmutabilidad de los principios sobre los que se apoyan, y ese es uno de los aspectos esenciales de la idea de tradición; es porque la civilización moderna carece de principio por lo que es eminentemente cambiante. Por lo demás, sería menester no creer que la estabilidad de que hablamos llega hasta excluir toda modificación, lo que sería exagerado; pero reduce la modificación a no ser nunca más que una adaptación a las circunstancias, por la que los principios no son afectados de ninguna manera, y que puede al contrario deducirse de ellos estrictamente, por poco que se los considere no en sí mismos, sino en vista de una aplicación determinada; y por eso es por lo que existen, además de la metafísica que no obstante se basta a sí misma en tanto que conocimiento de los principios, todas las «ciencias tradicionales» que abarcan el orden de las existencias contingentes, comprendidas las instituciones sociales. Sería menester no confundir inmutabilidad con inmovilidad; los errores de este género son frecuentes en los occidentales, porque son generalmente incapaces de separar la concepción de la imaginación, y porque su espíritu no puede desprenderse de las representaciones sensibles; eso se ve muy claramente en filósofos tales como Kant, que, no obstante, no pueden ser colocados entre los «sensualistas». Lo inmutable, no es lo que es contrario al cambio, sino lo que le es superior, de igual modo que lo «suprarracional» no es lo «irracional»; es menester desconfiar de la tendencia a colocar las cosas en oposiciones y en antítesis artificiales, por una interpretación a la vez «simplista» y sistemática, que procede sobre todo de la incapacidad de ir más lejos y de resolver los contrastes aparentes en la unidad armónica de una verdadera síntesis. Por eso no es menos cierto que hay realmente, bajo el aspecto que consideramos aquí como bajo muchos otros, una cierta oposición entre Oriente y Occidente, al menos en el estado actual de las cosas: hay divergencia, pero, no hay que olvidarlo, es unilateral y no simétrica, es como la de una rama que se separa del tronco; es sólo la civilización occidental la que, al marchar en el sentido que ha seguido en el curso de los últimos siglos, se ha alejado de las civilizaciones orientales hasta el punto de que, entre aquella y éstas, ya no parece haber por así decir ningún elemento en común, ningún término de comparación, ningún terreno de entendimiento y de conciliación.

El occidental, más especialmente el occidental moderno (es siempre de éste del que vamos a hablar), aparece como esencialmente cambiante e inconstante, como entregado al movimiento sin detención y a la agitación incesante, y no aspirando, por lo demás, a salir de ahí; su estado es, en suma, el de un ser que no puede llegar a encontrar su equilibrio, pero que, al no poder hacerlo, se niega el admitir que la cosa sea posible en sí misma, o, simplemente deseable, y llega hasta envanecerse de su impotencia. Este cambio en el cual está encerrado y en el que se complace, al que no exige que le lleve a una meta cualquiera, porque ha llegado a amarle por sí mismo, es, en el fondo, lo que llama «progreso», como si bastase marchar en no importa cuál dirección para avanzar seguramente; pero avanzar hacia qué, no piensa siquiera preguntárselo; y a la dispersión en la multiplicidad, que es la inevitable consecuencia de este cambio sin principio y sin meta, y que es incluso su única consecuencia cuya realidad no pueda ser contestada, la llama «enriquecimiento»: una palabra que, por el grosero materialismo de la imagen que evoca, es completamente típica y representativa de la mentalidad moderna. La necesidad de actividad exterior llevada a un grado tal, el gusto del esfuerzo por el esfuerzo, independientemente de los resultados que se puedan obtener de él, eso no es natural al hombre, al menos al hombre normal, según la idea que se tiene de él por todas partes y siempre; pero eso ha devenido de alguna manera natural al occidental, quizás por un efecto del hábito que Aristóteles dice que es como una segunda naturaleza, pero sobre todo por la atrofia de las facultades superiores del ser, necesariamente correlativa del desarrollo intensivo de los elementos inferiores; aquél que no tiene ningún medio de sustraerse a la agitación sólo puede satisfacerse en ella, de la misma manera que aquél cuya inteligencia está limitada a la actividad racional encuentra ésta admirable y sublime; para estar plenamente cómodo en una esfera cerrada, cualquiera que sea, es menester no concebir que pueda haber algo más allá. Las aspiraciones del occidental, único caso entre todos los hombres (no hablamos de los salvajes, sobre los que, por lo demás, es muy difícil saber exactamente a qué atenerse), están ordinariamente limitadas al mundo sensible estrictamente y a sus dependencias, entre las cuales comprendemos todo el orden sentimental y una buena parte del orden racional; ciertamente, hay loables excepciones, pero no podemos considerar aquí más que la mentalidad general y común, es decir, la que es verdaderamente característica del lugar y de la época.

Es menester observar también, en el orden intelectual mismo, o más bien en lo que subsiste de él, un fenómeno extraño que no es más que un caso particular del estado de espíritu que acabamos de describir: es la pasión de la investigación tomada como un fin en sí misma, sin ninguna preocupación de verla llegar a una solución cualquiera; mientras que los demás hombres investigan para encontrar y para saber, el occidental de nuestros días investiga por investigar; la palabra evangélica, *Quæriti et invenietis*, es para él letra muerta, en toda la fuerza de esa expresión, puesto que llama precisamente «muerte» a todo lo que constituye un resultado definitivo, como llama «vida» a lo que no es más que agitación estéril. El gusto enfermizo por la investigación, verdadera «inquietud mental» sin término y sin salida, se manifiesta muy particularmente en la filosofía moderna, cuya mayor parte no representa más que una serie de problemas enteramente artificiales, que no existen sino porque están mal planteados, y que no nacen y subsisten sino por equívocos cuidadosamente mantenidos; problemas insolubles ciertamente, dada la manera en que se los formula, que no se quieren resolver, y cuya razón de ser consiste enteramente en alimentar indefinidamente controversias y discusiones que no conducen a nada, y que no deben conducir a nada. Sustituir así el conocimiento por la investigación (y ya hemos señalado, a este respecto, el abuso tan notable de las «teorías del conocimiento»), es simplemente renunciar al objeto propio de la inteligencia, y se comprende bien que, en estas condiciones, algunos hayan llegado finalmente a suprimir la noción misma de la verdad, ya que la verdad no puede ser concebida más que como el término que se debe alcanzar, y esos no quieren ningún término para su investigación; así pues, eso no podría ser algo intelectual, ni siquiera tomando la inteligencia en su acepción más extensa, no en la más elevada y la más pura; y, si hemos podido hablar de «pasión de la investigación», es porque, en efecto, se trata de una invasión de la sentimentalidad en dominios en los que debería permanecer extraña. No protestamos, entiéndase bien, contra la existencia misma de la sentimentalidad, que es un hecho natural, sino solo contra su extensión anormal e ilegítima; es menester saber poner cada cosa en su lugar y dejarla en él, pero, para eso, es menester una comprehensión del orden universal que escapa al mundo occidental, donde el desorden es ley; denunciar el sentimentalismo, no es negar la sentimentalidad, como denunciar el racionalismo no equivale a negar la razón; el sentimentalismo y el racionalismo no representan más que abusos, cuando, como ocurre en el Occidente moderno, aparecen como los dos términos de una alternativa de la que es incapaz de salir.

Ya hemos dicho que el sentimiento está extremadamente cerca del mundo material; no es por nada que el lenguaje une estrechamente lo sensible y lo sentimental, y, aunque es menester no llegar a confundirlos, no son más que dos modalidades de un solo y mismo orden de cosas. El espíritu moderno está vuelto casi únicamente hacia lo exterior, hacia el dominio sensible; el sentimiento le parece interior, y, bajo este aspecto, frecuentemente quiere oponerle a la sensación; pero eso es muy relativo, y la verdad es que la «introspección» del psicólogo no aprehende, ella misma, otra cosa que fenómenos, es decir, modificaciones exteriores y superficiales del ser; no es verdaderamente interior y profunda más que la parte superior de la inteligencia. Esto parecerá sorprendente a aquellos que, como los intuicionistas contemporáneos, no conocen de la inteligencia más que la parte inferior, representada por las facultades sensibles y por la razón, que, en tanto que se aplica a los objetos sensibles, la creen más exterior que el sentimiento; pero, al respecto del intelectualismo transcendente de los orientales, el racionalismo y el intuicionismo se encuentran sobre un mismo plano y se detienen igualmente en lo exterior del ser, a pesar de las ilusiones por las que una u otra de estas concepciones creen aprehender algo de su naturaleza íntima. En el fondo, en todo eso no se trata nunca de ir más allá de las cosas sensibles; la diferencia no recae más que sobre los procedimientos a poner en obra para alcanzar esas cosas, sobre la manera en que conviene considerarlas, sobre cuál de sus diversos aspectos importa poner en evidencia: podríamos decir que unos prefieren insistir sobre el lado «materia», y otros sobre el lado «vida». En efecto, éstas son las limitaciones de las que el pensamiento occidental no puede liberarse: los griegos eran incapaces de liberarse de la forma; los modernos parecen incapaces sobre todo de desprenderse de la materia, y, cuando intentan hacerlo, no pueden en todo caso salir del dominio de la vida. Todo eso, la vida tanto como la materia y más aún la forma, no son más que condiciones de existencia especiales del mundo sensible; así pues, todo eso está sobre un mismo plano, como lo decíamos hace un momento. El Occidente moderno, salvo casos excepcionales, toma el mundo sensible como único objeto de conocimiento; que se dedique preferentemente a una o a otra de las condiciones de este mundo, que le estudie bajo tal o cual punto de vista, recorriéndole en cualquier sentido, el dominio donde se ejerce su actividad mental por eso no deja de ser siempre el mismo; si este dominio parece extenderse más o menos, eso no va nunca muy lejos, cuando no es puramente ilusorio. Por lo demás, junto al mundo sensible, hay diversos prolongamientos que pertenecen todavía al mismo grado de la existencia universal; según se considere tal o cual condición, entre las que definen este mundo, se podrá alcanzar a veces uno u otro de esos prolongamientos, pero por ello no se estará menos encerrado en un dominio especial y determinado. Cuando Bergson dice que la inteligencia tiene a la materia como su objeto natural, comete el error de llamar inteligencia a aquello de lo que quiere hablar, y lo hace porque lo que es verdaderamente intelectual le es desconocido; pero tiene razón en el fondo si apunta solamente, bajo esta denominación errónea, a la parte más inferior de la inteligencia, o más precisamente al uso que se hace de ella comúnmente en el Occidente actual. En cuanto a él, es a la vida a la que se apega esencialmente: se sabe bien el papel que juega el «impulso vital» en sus teorías, y el sentido que da a lo que llama la percepción de la «duración pura»; pero la vida, cualquiera que sea el «valor» que se le atribuya, por eso no está menos indisolublemente ligada a la materia, y es siempre el mismo mundo, el que se considera aquí según una concepción «organicista» o «vitalista», y en otras partes según una concepción «mecanicista». Solamente, cuando se da la preponderancia al elemento vital sobre el elemento material en la constitución de este mundo, es natural que el sentimiento tome la delantera sobre la supuesta inteligencia; los intuicionistas con su «torsión de espíritu», los pragmatistas con su «experiencia interior», hacen llamada simplemente a las potencias obscuras del instinto y del sentimiento, que toman por el fondo mismo del ser, y, cuando van hasta el final de su pensamiento o más bien de su tendencia, llegan, como Willian James, a proclamar finalmente la supremacía del «subconsciente», por la más increíble subversión del orden natural que la historia de las ideas haya tenido que registrar nunca.

La vida, considerada en sí misma, es siempre cambio, modificación incesante; así pues, es comprehensible que ejerza una tal fascinación sobre el espíritu de la civilización moderna, en la que el cambio es también el carácter más sobresaliente, el que aparece a primera vista, incluso si uno se queda en un examen completamente superficial. Cuando uno se encuentra así encerrado en la vida y en las concepciones que se refieren a ella directamente, no se puede conocer nada de lo que escapa al cambio, nada del orden transcendente e inmutable que es el de los principios universales; así pues, ya no podría haber ningún conocimiento metafísico posible, y somos llevados siempre a esta constatación, como consecuencia ineluctable de cada una de las características del Occidente actual. Decimos aquí cambio más bien que movimiento, porque el primero de estos dos términos es más extenso que el segundo: el movimiento no es más que la modalidad física o, mejor, mecánica del cambio, y hay concepciones que consideran otras modalidades irreductibles a ésta, a las que reservan incluso el carácter más propiamente «vital», a exclusión del movimiento entendido en el sentido ordinario, es decir, como un simple cambio de situación. Aquí también, sería menester no exagerar algunas oposiciones, que no son tales más que desde un punto de vista más o menos limitado: así, una teoría mecanicista es, por definición, una teoría que pretende explicarlo todo por la materia y el movimiento; pero, dando a la idea de vida toda la extensión de la que es susceptible, se podría hacer entrar en ella el movimiento mismo, y uno se daría cuenta entonces de que las teorías supuestamente opuestas o antagonistas son, en el fondo, mucho más equivalentes de lo que quieren admitir sus partidarios respectivos[21]; por una parte y por otra, no hay apenas más que un poco más o menos de estrechez de miras. Sea como sea, una concepción que se presenta como una «filosofía de la vida» es necesariamente, por eso mismo, una «filosofía del devenir»; queremos decir que está encerrada en el devenir y no puede salir de él (puesto que devenir y cambio son sinónimos), lo que la lleva a colocar toda realidad en ese devenir, a negar que haya algo fuera o más allá de él, puesto que el espíritu sistemático está hecho de tal manera que se imagina que incluye en sus fórmulas la totalidad del Universo; eso es también una negación formal de la metafísica. Tal es, concretamente, el evolucionismo bajo todas sus formas, desde las concepciones más mecanicistas, comprendido el grosero «transformismo», hasta teorías del género de las de Bergson; nada que no sea el devenir podría encontrar sitio ahí, y, todavía, a decir verdad, no se considera de él más que una porción más o menos restringida. La evolución, no es en suma más que el cambio, una ilusión más que se refiere al sentido y a la cualidad de ese cambio; evolución y progreso son una sola y misma cosa, complicaciones al margen, pero hoy día se prefiere frecuentemente la primera de estas dos palabras porque se la encuentra de un matiz más «científico»; el evolucionismo es como un producto de estas dos grandes

---

[21] Es lo que ya hemos hecho observar, en otra ocasión, en lo que concierne a las dos variedades del «monismo», una espiritualista y la otra materialista.

supersticiones modernas, la de la ciencia y la de la vida, y lo que constituye su éxito, es precisamente que el racionalismo y el sentimentalismo encuentran en él, uno y otro, su satisfacción; las proporciones variables en las que se combinan estas dos tendencias cuentan mucho en la diversidad de las formas que reviste esta teoría. Los evolucionistas ponen el cambio por todas partes, y hasta en Dios mismo cuando le admiten: es así que Bergson se representa a Dios como «un centro de donde brotarían los mundos, y que no es una *cosa*, sino una continuidad de brote»; y agrega expresamente: «Dios, definido así, no ha hecho nada; es vida incesante, acción, libertad»[22]. Así pues, son efectivamente estas ideas de vida y de acción las que constituyen, en nuestros contemporáneos, una verdadera obsesión, ideas que se transfieren aquí a un dominio que querría ser especulativo; de hecho, es la supresión de la especulación en provecho de la acción la que invade y absorbe todo. Esta concepción de un Dios en devenir, que no es más que inmanente y no transcendente, y también (lo que equivale a lo mismo) la de una verdad que se hace, que no es más que una suerte de límite ideal, sin nada actualmente realizado, no son excepciones en el pensamiento moderno; los pragmatistas, que han adoptado la idea de un Dios limitado por motivos sobre todo «moralistas», no son sus primeros inventores, pues aquello que se dice que evoluciona debe ser concebido forzosamente como limitado. El pragmatismo, por su denominación misma, se presenta ante todo como «filosofía de la acción»; su postulado más o menos confesado es que el hombre no tiene otras necesidades que las de orden práctico, necesidades

---

[22] *L'Evolution créatrice*, p. 270.

a la vez materiales y sentimentales; por consiguiente, es la abolición de la intelectualidad; pero, si es así, ¿por qué querer entonces hacer teorías? Eso se comprende bastante mal; y, como el escepticismo, del que no difiere más que en el aspecto de la acción, el pragmatismo, si quisiera ser consecuente consigo mismo, debería limitarse a una simple actitud mental, que no puede siquiera intentar justificar lógicamente sin darse un desmentido; pero sin duda es muy difícil mantenerse estrictamente en una tal reserva. El hombre, por caído que esté intelectualmente, no puede impedirse al menos razonar, aunque no sea más que para negar la razón; por lo demás, los pragmatistas no la niegan como los escépticos, pero quieren reducirla a un uso puramente práctico; al venir después de aquellos que han querido reducir toda la inteligencia a la razón, pero sin negar a ésta un uso teórico, es un grado más en el descenso. Hay incluso un punto sobre el que la negación de los pragmatistas va más lejos que la de los puros escépticos; éstos últimos no niegan que la verdad exista fuera de nosotros, sino sólo que podamos alcanzarla; los pragmatistas, a imitación de algunos sofistas griegos (que al menos no se tomaban probablemente en serio), llegan hasta suprimir la verdad misma.

Vida y acción son estrechamente solidarias; el dominio de una es también el de la otra, y es en ese dominio limitado donde se encuentra, hoy día más que nunca, toda la civilización occidental. Hemos dicho en otra parte cómo consideran los orientales la limitación de la acción y de sus consecuencias, cómo oponen bajo este aspecto el conocimiento a la acción: la teoría extremo oriental del «no actuar», la teoría hindú de la «liberación», son cosas inaccesibles a la mentalidad occidental ordinaria, para la que es inconcebible que se pueda pensar en liberarse de la acción, y todavía mucho más que se pueda llegar a ello efectivamente. Incluso la acción no se considera comúnmente más que bajo sus formas más exteriores, las que corresponden propiamente al movimiento físico: de ahí esa creciente necesidad de velocidad, esa trepidación febril, que son tan particulares a la vida contemporánea; actuar por el placer de actuar, eso no puede llamarse más que agitación, ya que en la acción misma hay algunos grados que observar y algunas distinciones que hacer. Nada sería más fácil que demostrar cuán incompatible es eso con todo lo que es reflexión y concentración, y, por consiguiente, con los medios esenciales de todo verdadero conocimiento; es verdaderamente el triunfo de la dispersión, en la exteriorización más completa que se pueda concebir; es la ruina definitiva del resto de intelectualidad que podía subsistir todavía, si nada viene a reaccionar a tiempo contra estas funestas tendencias. Afortunadamente, el exceso de mal puede llevar a una reacción, y los peligros, incluso físicos, que son inherentes a un desarrollo tan anormal pueden acabar por inspirar un miedo saludable; por lo demás, por el hecho mismo de que el dominio de la acción no conlleva más que posibilidades muy restringidas, cualesquiera que sean las apariencias, no es posible que este desarrollo se prosiga indefinidamente, y, por la fuerza de las cosas, antes o después, se impondrá un cambio de dirección. Pero, por el momento, no vamos a considerar las posibilidades de un porvenir quizás lejano; lo que consideramos, es el estado actual de Occidente, y todo lo que vemos, confirma enteramente que el progreso material y la decadencia intelectual se apoyan y se acompañan; no queremos decidir cuál de los dos es la causa o el efecto del otro, tanto más cuanto que, en suma, se trata de un conjunto complejo donde las relaciones de los diversos elementos son a veces recíprocas y alternativas. Sin buscar remontarnos a los orígenes del mundo moderno y a la manera en que su mentalidad propia ha podido constituirse, lo que sería necesario para resolver enteramente la cuestión, podemos decir esto: ha sido menester que hubiera ya una depreciación y una disminución de la intelectualidad para que el progreso material haya llegado a tomar una importancia suficientemente grande como para traspasar algunos límites; pero, una vez comenzado este movimiento, al absorber la preocupación del progreso material poco a poco todas las facultades del hombre, la intelectualidad ha ido debilitándose también gradualmente, hasta el punto donde la vemos hoy, y quizás más aún, aunque eso parezca ciertamente difícil. Por el contrario, la expansión de la sentimentalidad no es de ningún modo incompatible con el progreso material, porque, en el fondo, son cosas casi del mismo orden; se nos excusará que volvamos a ello tan frecuentemente, ya que eso es indispensable para comprender lo que pasa alrededor de nosotros. Esta expansión de la sentimentalidad, al producirse correlativamente a la regresión de la intelectualidad, será tanto más excesiva y más desordenada cuanto que no encontrará nada que pueda contenerla o dirigirla eficazmente, ya que este papel no podría ser desempeñado por el «cientificismo», que, ya lo hemos visto, está lejos de ser él mismo indemne al contagio sentimental, y que ya no tiene más que una falsa apariencia de intelectualidad.

Uno de los síntomas más destacables de la preponderancia adquirida por el sentimentalismo, es lo que llamamos el «moralismo», es decir, la tendencia claramente marcada a referirlo todo a preocupaciones de orden moral, o al menos a subordinarles todo lo demás, y particularmente lo que se considera como propio del dominio de la inteligencia. La moral, por sí misma, es algo esencialmente sentimental; representa un punto de vista tan relativo y contingente como es posible, y que, por lo demás, ha sido siempre propio de Occidente; pero el «moralismo» propiamente dicho es una exageración de este punto de vista, que no se ha producido sino en una fecha bastante reciente. La moral, cualquiera que sea la base que se le dé, y cualquiera que sea también la importancia que se le atribuya, no es y no puede ser más que una regla de acción; para hombres que no se interesan más que en la acción, es evidente que debe jugar un papel capital, y se apegan a ella tanto más cuanto que las consideraciones de ese orden pueden dar la ilusión del pensamiento en un periodo de decadencia intelectual; esto es lo que explica el nacimiento del «moralismo». Un fenómeno análogo ya se había producido hacia el fin de la civilización griega, pero sin alcanzar, según parece, las proporciones que ha tomado en nuestro tiempo; de hecho, a partir de Kant, casi toda la filosofía moderna está impregnada de «moralismo», lo que equivale a decir que ha dado la preeminencia a la práctica sobre la especulación, considerándose esta práctica, por lo demás, bajo un ángulo especial; esta tendencia llega a su entero desarrollo con esas filosofías de la vida y de la acción de las que ya hemos hablado. Por otra parte, hemos señalado la obsesión, hasta en los materialistas más probados, de lo que se llama la «moral científica», lo que representa más exactamente la misma tendencia; ya se la llame científica o filosófica, según los gustos de cada uno, eso no es nunca más que una expresión del sentimentalismo, y esta expresión no varía siquiera de una manera muy apreciable. En efecto, lo curioso es que las concepciones morales, en un medio dado, se parecen todas extraordinariamente, aunque pretendan fundarse sobre consideraciones diferentes e incluso a veces contrarias; es lo que muestra bien el carácter artificial de las teorías por las que cada uno se esfuerza en justificar reglas prácticas que son siempre las que se observan comúnmente alrededor de él. En suma, esas teorías representan simplemente las preferencias particulares de aquellos que las formulan o que las adoptan; frecuentemente también, un interés partidista no es extraño a ellas: no hay prueba más evidente de ello que la manera en que la «moral laica» (científica o filosófica, poco importa) se pone en oposición con la moral religiosa. Por lo demás, puesto que el punto de vista moral tiene una razón de ser exclusivamente social, la intrusión de la política en semejante dominio no tiene nada de lo que uno deba sorprenderse; eso es quizás menos chocante que la utilización, para fines similares, de teorías que se pretenden puramente científicas; pero, después de todo, el espíritu «cientificista» mismo, ¿no ha sido creado para servir a los intereses de una cierta política? Dudamos mucho que la mayoría de los partidarios del evolucionismo estén libres de toda segunda intención de este género; y, para tomar otro ejemplo, la supuesta «ciencia de las religiones» se parece mucho más a un instrumento de polémica que a una ciencia seria; éstos son casos a los que ya hemos hecho alusión más atrás, y donde el racionalismo es sobre todo una máscara del sentimentalismo.

No es solo en los «cientificistas» y en los filósofos donde se puede observar la invasión del «moralismo»; es menester notar también, a este respecto, la degeneración de la idea religiosa, tal y como se constata en las innumerables sectas salidas del protestantismo. Esas son las únicas formas religiosas que sean específicamente modernas, y se caracterizan por una reducción progresiva del elemento doctrinal en provecho del elemento moral y sentimental; este fenómeno es un caso particular de la disminución general de la intelectualidad, y no es por una coincidencia fortuita que la época de la Reforma es la misma que la época del Renacimiento, es decir, precisamente el comienzo del periodo moderno. En algunas ramas del protestantismo actual, la doctrina ha llegado a disolverse completamente, y, como el culto se ha reducido igualmente también a casi nada, sólo el elemento moral subsiste finalmente: el «protestantismo liberal» ya no es más que un «moralismo» con etiqueta religiosa; no se puede decir que sea todavía una religión en el sentido estricto de esta palabra, puesto que, de los tres elementos que entran en la definición de la religión, ya no queda más que uno solo. En ese límite, sería más bien una suerte de pensamiento filosófico especial; por lo demás, sus representantes se entienden generalmente bastante bien con los partidarios de la «moral laica», llamada también «independiente», y a veces les ocurre incluso que se solidarizan abiertamente con ellos, lo que muestra que tienen consciencia de sus afinidades reales. Para designar cosas de este género, empleamos gustosamente la palabra «pseudoreligión»; y aplicamos también esta misma palabra a todas las sectas «neoespiritualistas», que nacen y prosperan sobre todo en los países protestantes, porque el «neoespiritualismo» y el «protestantismo liberal» proceden de las mismas tendencias y del mismo estado de espíritu: por la supresión del elemento intelectual (o su ausencia si se trata de creaciones nuevas), la religión es sustituida por la religiosidad, es decir, por una simple aspiración sentimental más o menos vaga e inconsciente; y esta religiosidad es a la religión lo mismo que la sombra es al cuerpo. Se puede reconocer aquí la «experiencia religiosa» de William James (que se complica con la llamada al «subconsciente»), y también la «vida interior» en el sentido que le dan los modernistas, ya que el modernismo no fue otra cosa que una tentativa hecha para introducir en el catolicismo mismo la mentalidad de que se trata, tentativa que se quebró contra la fuerza del espíritu tradicional del que el catolicismo, en el Occidente moderno, es aparentemente el único refugio, aparte de las excepciones individuales que pueden existir siempre fuera de toda organización.

Es en los pueblos anglosajones donde el «moralismo» hace estragos con la máxima intensidad, y es allí también donde el gusto de la acción se afirma bajo las formas más extremas y más brutales; así pues, esas dos cosas están bien ligadas una a otra como lo hemos dicho. Hay una singular ironía en la concepción corriente que representa a los ingleses como un pueblo esencialmente apegado a la tradición, y aquellos que piensan así confunden simplemente tradición con costumbre. La facilidad con la que se abusa de algunas palabras es verdaderamente extraordinaria: hay quienes han llegado a llamar «tradiciones» a usos populares, o incluso a hábitos de origen muy reciente, sin alcance y sin significación; en cuanto a nós, nos negamos a dar este nombre a lo que no es más que un respeto más o menos maquinal de algunas formas exteriores, que a veces no son más que «supersticiones» en el sentido etimológico de la palabra; la verdadera tradición está en el espíritu de un pueblo, de una raza o de una civilización, y tiene razones de ser mucho más profundas. El espíritu anglosajón es antitradicional en realidad, al menos tanto como el espíritu francés y el espíritu germánico, pero de una manera quizás un poco diferente, ya que, en Alemania, y en Francia en una cierta medida, es más bien la tendencia «cientificista» la que predomina; por lo demás, importa poco que sea el «moralismo» o el «cientificismo» lo que prevalezca, ya que, lo repetimos todavía una vez más, sería artificial el querer separar enteramente estas dos tendencias que representan las dos caras del espíritu moderno, y que se encuentran en proporciones diversas en todos los pueblos occidentales. Parece que la tendencia «moralista» predomina hoy día bastante generalmente, mientras que la dominación del «cientificismo» estaba más acentuada no hace muchos años todavía; pero lo que gana una no es necesariamente perdido por la otra, puesto que son perfectamente conciliables, y, a pesar de todas las fluctuaciones, la mentalidad común las asocia bastante estrechamente: hay lugar en ella, a la vez, para todos esos ídolos de que hemos hablado precedentemente. Solamente, hay como una suerte de cristalización de elementos diversos que ahora se opera más bien tomando como centro la idea de «vida» y todo lo que se refiere a ella, del mismo modo que, en el siglo XIX, se operaba alrededor de la idea de «ciencia», y que, en el siglo XVIII, se operaba alrededor de la idea de «razón»; hablamos aquí de ideas, pero haríamos mejor hablando simplemente de palabras, ya que es efectivamente la fascinación de las palabras la que se ejerce ahí en toda su amplitud. Lo que se llama a veces «ideología», con un matiz peyorativo en aquellos que no están engañados (ya que se encuentran todavía algunos a pesar de todo), no es propiamente más que verbalismo; y, a ese propósito, podemos retomar la palabra «superstición», con el sentido etimológico al que hacíamos alusión hace un momento, y que designa una cosa que se sobrevive a sí misma, cuando ya ha perdido su verdadera razón de ser. En efecto, la única razón de ser de las palabras, es expresar ideas; atribuir un valor a las palabras por sí mismas, independientemente de las ideas, no poner siquiera ninguna idea bajo esas palabras, y dejarse influenciar sólo por su sonoridad, eso es verdaderamente superstición. El «nominalismo», en sus diversos grados, es la expresión filosófica de esta negación de la idea, a la que pretende sustituir con la palabra o con la imagen; al confundir la concepción con la representación sensible, no deja subsistir realmente más que esta última; y, bajo una forma o bajo otra, está extremadamente extendido en la filosofía moderna, mientras que antaño no era más que una excepción. Esto es bastante significativo; y es menester agregar aún que el nominalismo es casi siempre solidario del empirismo, es decir, de la tendencia a referir a la experiencia, y más especialmente a la experiencia sensible, el origen y el término de todo conocimiento: negación de todo lo que es verdaderamente intelectual, es siempre eso lo que encontramos, como elemento común, en el fondo de todas estas tendencias y de todas estas opiniones, porque eso es, efectivamente, la raíz de toda deformación mental, y porque esta negación está implicada, a título de presuposición necesaria, en todo lo que contribuye a falsear las concepciones del Occidente moderno.

Hasta aquí, hemos presentado sobre todo una visión de conjunto del estado actual del mundo occidental considerado bajo el aspecto mental; es por ahí por donde es menester comenzar, ya que es de eso de lo que depende todo lo demás, y no puede haber cambio importante y duradero si no recae primero sobre la mentalidad general. Aquellos que sostienen lo contrario son todavía las víctimas de una ilusión muy moderna: puesto que no ven más que las manifestaciones exteriores, toman los efectos por las causas, y creen gustosamente que lo que no ven no existe; lo que se llama «materialismo histórico», o la tendencia a reducir todo a los factores económicos, es un notable ejemplo de esta ilusión. El estado de cosas ha devenido tal que los factores de ese orden han adquirido efectivamente, en la historia contemporánea, una importancia que no habían tenido nunca en el pasado; pero no obstante su papel no es y no podrá ser nunca exclusivo. Por lo demás, que nadie se engañe: los «dirigentes», conocidos o desconocidos, saben bien que, para actuar eficazmente, les es menester ante todo crear y mantener corrientes de ideas o de pseudoideas, y no se privan de ello; aunque estas corrientes son puramente negativas, por ello no son menos de naturaleza mental, y es en el espíritu de los hombres donde debe germinar primero lo que se realizará después en el exterior; incluso para abolir la intelectualidad, es menester en primer lugar persuadir a los espíritus de su inexistencia y volver su actividad hacia otra dirección. No es que seamos de aquellos que pretenden que las ideas gobiernen el mundo directamente; es también una fórmula de la que se ha abusado mucho, y la mayoría de aquellos que la emplean no saben apenas lo que es una idea, si es que no la confunden totalmente con la palabra; en otros términos, no son frecuentemente otra cosa que «ideólogos», y los peores soñadores «moralistas» pertenecen precisamente a esta categoría: en el nombre de las quimeras que llaman «derecho» y «justicia», y que no tienen nada que ver con las ideas verdaderas, han ejercido en los acontecimientos recientes una influencia muy nefasta y cuyas consecuencias se hacen sentir muy pesadamente como para que sea necesario insistir sobre lo que acabamos de decir; pero no solo hay ingenuos en parecido caso, hay también, como siempre, aquellos que los manejan sin que lo sepan, que los explotan y los que se sirven de ellos en vista de intereses mucho más positivos. Sea como sea, como somos tentados a repetirlo a cada instante, lo que importa ante todo, es saber poner cada cosa en su verdadero lugar: la idea pura no tiene ninguna relación inmediata con el dominio de la acción, y no puede tener sobre lo exterior la influencia directa que ejerce el sentimiento; pero la idea no es por ello menos el principio, aquello por lo que todo debe comenzar, bajo pena de estar desprovisto de toda base sólida. El sentimiento, si no es guiado y controlado por la idea, no engendra más que error, desorden y obscuridad; no se trata de abolir el sentimiento, sino de mantenerle en sus límites legítimos, y lo mismo para todas las demás contingencias. La restauración de una verdadera intelectualidad, aunque no sea más que en una elite restringida, al menos al comienzo, se nos aparece como el único medio de poner fin a la confusión mental que reina en Occidente; sólo con eso pueden ser disipadas tantas vanas ilusiones que atestan el espíritu de nuestros contemporáneos, tantas supersticiones enteramente ridículas y desprovistas de fundamento como todas aquellas de las que se burlan sin ton ni son las gentes que quieren pasar por «ilustradas»; y sólo con eso también se podrá encontrar un terreno de entendimiento con los pueblos orientales. En efecto, todo lo que hemos dicho representa fielmente, no solo nuestro propio pensamiento, que no importa apenas en sí mismo, sino también, lo que es mucho más digno de consideración, el juicio que Oriente tiene sobre Occidente, ello, cuando consiente en ocuparse de él de otro modo que para oponer a su acción invasora esa resistencia enteramente pasiva que Occidente no puede comprender, porque supone un poder interior del que no tiene equivalente, y contra el que ninguna fuerza brutal podría prevalecer. Este poder está más allá de la vida, es superior a la acción y a todo lo que pasa, es ajeno al tiempo y es como una participación de la inmutabilidad suprema; si el oriental puede sufrir pacientemente la dominación material de Occidente, es porque conoce la relatividad de las cosas transitorias, y es porque lleva, en lo más profundo de su ser, la consciencia de la eternidad.

Capítulo IV

TERRORES QUIMÉRICOS Y PELIGROS REALES

Los occidentales, a pesar de la alta opinión que tienen de sí mismos y de su civilización, sienten que su dominación sobre el resto del mundo está lejos de estar asegurada de una manera definitiva, que puede estar a merced de acontecimientos que les es imposible prever y con mayor razón impedir. Solamente, lo que no quieren ver, es que la causa principal de los peligros que les amenazan reside en el carácter mismo de la civilización europea: todo aquello que no se apoya más que sobre el orden material, como es el caso, no podría tener más que un éxito pasajero; el cambio, que es la ley de este dominio esencialmente inestable, puede tener las peores consecuencias a todos los respectos, y eso con una rapidez tanto más fulminante cuanto más grande es la velocidad adquirida; el exceso mismo del progreso material corre mucho riesgo de terminar en algún cataclismo. Piénsese en el incesante perfeccionamiento de los medios de destrucción, en el papel cada vez más considerable que tienen en las guerras modernas, en las perspectivas poco tranquilizadoras que algunos inventos abren para el porvenir, y apenas se estará tentado de negar una tal posibilidad; por lo demás, las máquinas que están expresamente destinadas a matar no son las únicas peligrosas. En el punto en que las cosas han llegado en este momento, no hay necesidad de mucha imaginación para representarse al Occidente acabando por destruirse a sí mismo, ya sea en una guerra gigantesca de la que la última no da todavía más que una débil idea, ya sea por los efectos imprevistos de algún producto que, manipulado torpemente, sería capaz de hacer volar, no ya una fábrica o una ciudad, sino todo un continente. Ciertamente, todavía es permisible esperar que Europa e incluso América se detendrán en esa vía y se recuperarán antes de llegar a tales extremidades; catástrofes menores pueden servirles de advertencias útiles y, por el temor que inspiren, pueden provocar la detención de esta carrera vertiginosa que no puede conducir más que a un abismo. Eso es posible, sobre todo si se junta a ello algunas decepciones sentimentales un poco fuertes, propias para destruir en la masa la ilusión del «progreso moral»; así pues, el desarrollo excesivo del sentimentalismo podría contribuir también a ese resultado saludable, y es menester que así sea si Occidente, librado a sí mismo, debe encontrar en su propia mentalidad los medios de una reacción que devendrá necesaria más pronto o más tarde. Por lo demás, todo eso no bastaría para imprimir a la civilización occidental, en ese momento mismo, otra dirección, y, como el equilibrio no es apenas realizable en tales condiciones, todavía habría que temer un retorno a la barbarie pura y simple, consecuencia bastante natural de la negación de la intelectualidad.

Ocurra lo que ocurra con estas previsiones quizás lejanas, los occidentales de hoy día están persuadidos todavía de que el progreso, o lo que llaman así, puede y debe ser continuo e indefinido; se ilusionan más que nunca sobre su propia valía, y se han dado a sí mismos la misión de hacer penetrar ese progreso por todas partes, imponiéndole si es necesario por la fuerza a los pueblos que cometen el error, imperdonable a sus ojos, de no aceptarle con prontitud. Este furor de propaganda, al que ya hemos hecho alusión, es muy peligroso para todo el mundo, pero sobre todo para los occidentales mismos, a quienes hace temer y detestar; el espíritu de conquista nunca se había llevado tan lejos, y, sobre todo, nunca se había disfrazado bajo esas apariencias hipócritas que son lo propio del «moralismo» moderno. Por lo demás, Occidente olvida que no tenía ninguna existencia histórica en una época donde las civilizaciones orientales habían alcanzado ya su pleno desarrollo[23]; con sus pretensiones, aparece a los orientales como un niño que, orgulloso de haber adquirido rápidamente algunos conocimientos rudimentarios, se creyera en posesión del saber total y quisiera enseñárselo a ancianos llenos de sabiduría y de experiencia. Eso no sería más que una extravagancia bastante inofensiva, y ante la cual no habría más que sonreír, si los occidentales no tuvieran a su disposición la fuerza bruta; pero el empleo que hacen de ésta cambia enteramente el aspecto de las cosas, ya que es ahí donde está el verdadero peligro para aquellos que, muy involuntariamente, entran en contacto con ellos, y no en una «asimilación» que son perfectamente incapaces de llevar a cabo, al no estar ni intelectual ni físicamente cualificados para llegar a ella. En efecto, los pueblos europeos, sin duda porque están formados de elementos heterogéneos, y no porque no constituyen una raza hablando propiamente, son aquellos cuyos caracteres étnicos son menos estables y desaparecen más rápidamente cuando se mezclan con otras; por todas partes donde se han producido estas mezclas, es

---

[23] No obstante es posible que haya habido civilizaciones occidentales anteriores, pero la de hoy día no es su heredera, y su recuerdo mismo se ha perdido; no vamos pues a preocuparnos de ellas aquí.

siempre el occidental el que es absorbido, muy lejos de poder absorber a los demás. En cuanto al punto de vista intelectual, las consideraciones que hemos expuesto hasta aquí nos dispensan de insistir más en él; una civilización que está sin cesar en movimiento, que no tiene ni tradición ni principio profundo, no puede ejercer evidentemente una influencia real sobre aquellas que poseen precisamente todo lo que le falta a ella misma; y, si la influencia inversa no se ejerce tampoco de hecho, es sólo porque los occidentales son incapaces de comprender lo que les es extraño: su impenetrabilidad, a este respecto, no tiene otra causa que una inferioridad mental, mientras que la de los orientales está hecha de intelectualidad pura.

Hay verdades que es necesario decir y volver a decir con insistencia, por desagradables que sean para muchas gentes: todas las superioridades de las cuales se jactan los occidentales son puramente imaginarias, a excepción únicamente de la superioridad material; ésta es muy real, nadie se la niega, y, en el fondo, nadie se la envidia tampoco; pero la desgracia es que abusan de ella. Para cualquiera que tiene el coraje de ver las cosas como son, la conquista colonial no puede, como ninguna otra conquista por las armas, reposar sobre otro derecho que el de la fuerza bruta; que se invoque la necesidad, para un pueblo que se encuentra demasiado estrecho en su casa, de extender su campo de actividad, y que se diga que no puede hacerlo más que a las expensas de aquellos que son demasiado débiles para resistirles lo admitimos, e incluso no vemos cómo se podrían impedir que se produzcan cosas de este género; pero que, al menos, no se pretenda hacer intervenir en eso los intereses de la «civilización», que no tienen nada que ver con ello. Es eso lo que llamamos la hipocresía «moralista»: inconsciente en la masa, que nunca hace otra cosa que aceptar dócilmente las ideas que se le inculcan, no debe serlo en todos al mismo grado, y no podemos admitir que los hombres de estado, en particular, estén engañados por la fraseología que emplean. Cuando una nación europea se apodera de un país cualquiera, aunque esté habitado por tribus verdaderamente bárbaras, no se nos hará creer que se emprende una expedición costosa, después de trabajos de todo tipo, para tener el placer o el honor de «civilizar» a esas pobres gentes, que no lo han pedido; es menester ser muy ingenuo para no darse cuenta de que el verdadero móvil es completamente distinto, que reside en la esperanza de provechos más tangibles. De lo que se trata ante todo, cualesquiera que sean los pretextos invocados, es de explotar el país, y muy frecuentemente, si se puede, a sus habitantes al mismo tiempo, ya que no se podría tolerar que continúen viviendo a su manera, incluso si son poco molestos; pero, como esta palabra «explotación» suena mal, a eso se lo llama, en el lenguaje moderno, «valorar un país»: es la misma cosa, pero basta cambiar la palabra para que eso ya no hiera a la sensibilidad común. Naturalmente, cuando la conquista se ha cumplido, los europeos dan libre curso a su proselitismo, puesto que para ellos es una verdadera necesidad; cada pueblo le aporta su temperamento especial, unos lo hacen más brutalmente, otros con más miramientos, y ésta última actitud, aunque no es el efecto de un cálculo, es sin duda la más hábil. En cuanto a los resultados obtenidos, se olvida siempre que la civilización de algunos pueblos no está hecha para otros, cuya mentalidad es diferente; cuando se trata de salvajes, el mal no es quizás muy grande, y no obstante, al adoptar las apariencias exteriores de la civilización europea (ya que eso permanece en un nivel muy superficial), generalmente se inclinan más a imitar sus malas inclinaciones que a tomar lo que pueda tener de bueno. No queremos insistir sobre este aspecto de la cuestión, que no consideramos más que incidentalmente; lo que es mucho más grave, es que los europeos, cuando se encuentran en presencia de pueblos civilizados, se comportan con ellos como si se tratara de salvajes, y es entonces cuando se vuelven verdaderamente insoportables; y no hablamos sólo de gentes poco recomendables entre los que, se reclutan muy frecuentemente colonos y funcionarios, hablamos de los europeos casi sin excepción. Es un extraño estado de espíritu, sobre todo entre hombres que hablan sin cesar de «derecho» y de «libertad», el que les lleva a negar a otras civilizaciones diferentes de la suya el derecho a una existencia independiente; es eso todo lo que se les pediría en muchos casos, y no es mostrarse demasiado exigente; hay orientales que, con ésta única condición, se acomodarían incluso a una administración extranjera, hasta tal punto existe poco para ellos la preocupación de las contingencias materiales; sólo cuando se ataca a sus instituciones tradicionales la dominación europea se vuelve intolerable. Pero es justamente con este espíritu tradicional con el que los occidentales se ensañan ante todo, porque le temen tanto más cuanto menos le comprenden, precisamente porque ellos mismos están desprovistos de él; los hombres de este tipo tienen miedo instintivamente de todo lo que les rebasa; todas sus tentativas a este respecto permanecerán siempre vanas, ya que en eso hay una fuerza cuya inmensidad ni sospechan; pero, si su indiscreción les atrae algunas desventuras, no podrán culparse más que a sí mismos. Por lo demás, no se ve en nombre de qué quieren obligar a todo el mundo a interesarse exclusivamente en lo que les interesa, a poner las preocupaciones económicas en primer lugar, o a adoptar el régimen político que tiene sus preferencias, y, que, admitiendo incluso que sea el mejor para algunos pueblos, no lo es necesariamente para todos; y lo más extraordinario, es que tienen semejantes pretensiones, no solo frente a pueblos que han conquistado, sino también frente a aquellos otros en los que han llegado a introducirse y a instalarse con una supuesta actitud de respetar su independencia; de hecho, extienden estas pretensiones a la humanidad toda entera.

Si fuera de otro modo, no habría, en general, prevenciones ni hostilidad sistemática contra los occidentales; sus relaciones con los demás hombres serían lo que son las relaciones normales entre pueblos diferentes; se les tomaría por lo que son, con las cualidades y los defectos que les son propios, y, aunque lamentando quizás no poder mantener con ellos relaciones intelectuales verdaderamente interesantes, no se buscaría apenas cambiarlos, ya que los orientales no hacen proselitismo. Aquellos mismos de entre los orientales que pasan por ser los más cerrados a todo lo que es extranjero, los chinos, por ejemplo, verían sin repugnancia venir individualmente a europeos a establecerse entre ellos para hacer comercio, si no supieran demasiado bien, por haber tenido la triste experiencia de ello, a lo que se exponen dejándoles hacer, y qué usurpaciones son pronto la consecuencia de lo que, al comienzo, parecía de lo más inofensivo. Los chinos son el pueblo más profundamente pacífico que existe; decimos pacífico y no «pacifista», ya que no sienten la necesidad de hacer al respecto grandilocuentes teorías humanitarias: la guerra repugna a su temperamento, y eso es todo. Si esto es una debilidad en un cierto sentido relativo, hay, en la naturaleza misma de la raza china, una fuerza de otro orden que compensa sus efectos, y cuya consciencia contribuye sin duda a hacer posible ese estado de espíritu pacífico: esta raza está dotada de un poder de absorción tal que siempre ha asimilado a todos sus conquistadores sucesivos, y con una increíble rapidez; la historia está ahí para probarlo. En semejantes condiciones, nada podría ser más ridículo que el quimérico terror del «peligro amarillo», inventado antiguamente por Guillermo II, que le simbolizó incluso en una de esas tablas con pretensiones místicas que se complacía en pintar para ocupar su ocio; es menester toda la ignorancia de la mayoría de los occidentales, y su incapacidad de concebir cuán diferentes de ellos son los demás hombres, para llegar a imaginarse al pueblo chino levantándose en armas para marchar a la conquista de Europa; una invasión china, si debiera tener lugar alguna vez, no podría ser más que una penetración pacífica, y, en todo caso, eso no es un peligro muy inminente. Es cierto que, si los chinos tuvieran la mentalidad occidental, las inepcias odiosas que se declaman públicamente a cuenta suya en toda ocasión habrían bastado ampliamente para incitarles a enviar expediciones a Europa; no es menester tanto para servir de pretexto a una intervención armada por parte de los occidentales, pero esas cosas dejan a los orientales perfectamente indiferentes. A nuestro conocimiento, nadie se atrevió a decir la verdad sobre la génesis de los acontecimientos que se produjeron en 1900; hela aquí en algunas palabras: el territorio de las delegaciones europeas en Pekín estaba sustraído a la jurisdicción de las autoridades chinas; ahora bien, se había formado en las dependencias de la delegación alemana, una verdadera guarida de ladrones, clientes de la misión luterana, que se extendían desde allí a la ciudad, robaban todo lo que podían, y después, con su botín, se replegaban a su refugio donde, puesto que nadie tenía el derecho de perseguirles, quedaban seguros en la impunidad; la población acabó por exasperarse y amenazó con invadir el territorio de la delegación para apoderarse de los malhechores que se encontraban en ella; el ministro alemán quiso oponerse a ello y se puso a arengar a la muchedumbre, pero no consiguió más que hacerse matar en el tumulto; para vengar este ultraje, se organizó sin tardanza una expedición, y lo más curioso es que todos los estados europeos, incluida Inglaterra, se dejaron arrastrar en seguimiento de Alemania; el espectro del «peligro amarillo» había servido de algo en esta ocasión al menos. No hay que decir que los beligerantes sacaron de su intervención beneficios apreciables, sobre todo bajo el punto de vista económico; e incluso no fueron solo los estados los que se aprovecharon de la aventura: conocemos personajes que han adquirido situaciones muy ventajosas por haber hecho la guerra... en los sótanos de las delegaciones; ¡Ciertamente a éstos no sería menester decirles que el «peligro amarillo» carece de realidad!

Pero quizás se objete que no sólo hay chinos, sino que hay también japoneses, y que, ellos sí, son un pueblo guerrero; eso es cierto, pero para empezar, los japoneses, salidos de una mezcla donde dominan los elementos malayos, no pertenecen verdaderamente a la raza amarilla, y, por consiguiente, su tradición tiene forzosamente un carácter diferente. Si el Japón tiene ahora la ambición de ejercer su hegemonía sobre Asia entera y de «organizarla» a su manera, eso es precisamente porque el sintoísmo, tradición que, en muchos aspectos, difiere profundamente del taoísmo chino y que da una gran importancia a los ritos guerreros, ha entrado en contacto con el nacionalismo, tomado naturalmente a Occidente —ya que los japoneses han sobresalido siempre como imitadores— y se ha cambiado en un imperialismo completamente semejante a lo que se puede ver en otros países. No obstante, si los japoneses se comprometen en una empresa semejante, encontrarán tanta resistencia como los pueblos europeos, y quizás más aún. En efecto, los chinos no sienten por nadie la misma hostilidad que por los japoneses, sin duda, porque éstos, al ser sus vecinos, les parecen particularmente peligrosos; les temen, como un hombre que ama su tranquilidad teme a todo lo que amenaza perturbarla, y sobre todo los desprecian. Es sólo en Japón donde el pretendido «progreso» occidental ha sido acogido con una diligencia tanto más grande cuanto más se cree poder hacerle servir para realizar esa ambición de la que hablábamos hace un momento; y no obstante la superioridad de los armamentos, unida incluso a las más notables cualidades guerreras, no prevalecen siempre contra algunas fuerzas de otro orden: los japoneses se han dado cuenta bien de ello en Formosa, y Corea tampoco constituye para ellos una posesión tranquila. En el fondo, si los japoneses salieron fácilmente victoriosos en una guerra de la que una buena parte de los chinos no tuvieron conocimiento más que cuando estuvo terminada, es porque entonces fueron favorecidos, por razones especiales, por algunos elementos hostiles a la dinastía manchú, y porque sabían bien que otras influencias intervendrían a tiempo para impedir que las cosas fueran demasiado lejos. En un país como China, muchos acontecimientos, guerras o revoluciones, toman un aspecto completamente diferente según se consideren de lejos o de cerca, y, por sorprendente que eso parezca, es la lejanía la que los acrecienta: vistos desde Europa, parecen considerables; en China mismo, se reducen a simples accidentes locales.

Es por una ilusión óptica del mismo género por lo que los occidentales atribuyen una importancia excesiva a las actuaciones de pequeñas minorías turbulentas, formadas de gentes cuyos propios compatriotas ignoran con frecuencia totalmente, y para quienes, en todo caso, no tienen la menor consideración. Queremos hablar de algunos individuos enseñados en Europa o en América, como se encuentra hoy día más o menos en todos los países orientales, y que, habiendo perdido por esa educación el sentido tradicional y no sabiendo nada de su propia civilización, creen obrar bien pregonando el «modernismo» más extremo. Esos «jóvenes» orientales, como se llaman ellos mismos para precisar mejor sus tendencias, jamás podrían alcanzar una influencia real en su medio; a veces se les utiliza sin que lo sepan para jugar un papel que no sospechan, y eso es tanto más fácil cuanto que se toman muy en serio; pero ocurre también que, al retomar el contacto con su raza, se desengañan poco a poco, al darse cuenta de que su presunción estaba hecha sobre todo de ignorancia, y acaban deviniendo nuevamente verdaderos orientales. Esos elementos no representan más que ínfimas excepciones, pero, como hacen algún ruido hacia el exterior, atraen la atención de los occidentales, que les consideran naturalmente con simpatía, y a quienes hacen perder de vista las multitudes silenciosas en cuyo seno son absolutamente inexistentes. Los verdaderos orientales no buscan apenas hacerse conocer del extranjero, y eso es lo que explica errores bastante singulares; frecuentemente nos ha sorprendido la facilidad con la que se hacen aceptar, como auténticos representantes del pensamiento oriental, algunos escritores sin competencia y sin mandato, a veces incluso a sueldo de una potencia europea, y que no expresan apenas más que ideas completamente occidentales; porque llevan nombres orientales, se les cree gustosamente, y, como faltan los términos de comparación, se parte de ahí para atribuir a todos sus compatriotas concepciones u opiniones que no pertenecen más que a ellos, y que están frecuentemente en las antípodas del espíritu oriental; bien entendido, sus producciones están reservadas estrictamente al público europeo o americano, y, en Oriente, nadie ha oído nunca hablar de ellos.

Fuera de las excepciones individuales de que acabamos de hablar, y también de la excepción colectiva que constituye el Japón, el progreso material no interesa verdaderamente a nadie en los países orientales, donde se le reconocen pocas ventajas reales y muchos inconvenientes; pero hay, a su respecto, dos actitudes diferentes, que incluso pueden parecer exteriormente opuestas, y que proceden no obstante de un mismo espíritu. Unos no quieren oír hablar a ningún precio de ese pretendido progreso y, encerrándose en una actitud de resistencia puramente pasiva, continúan comportándose como si no existiera; otros prefieren aceptar transitoriamente ese progreso, aunque no le consideran más que como una necesidad enojosa impuesta por circunstancias que no permanecerán más que un tiempo, y únicamente porque ven, en los instrumentos que puede poner a su disposición, un medio de resistir más eficazmente a la dominación occidental y de apresurar su fin. Esas dos corrientes existen por todas partes, en China, en la India y en los países musulmanes; si la segunda parece tender a predominar actualmente bastante generalmente sobre la primera, sería menester guardarse bien de concluir de ello que haya en eso algún cambio profundo en la manera de ser de Oriente; toda la diferencia se reduce a una simple cuestión de oportunidad, y no es de ahí de donde puede venir un acercamiento real con Occidente, muy al contrario. Los orientales que quieren provocar en su país un desarrollo industrial que les permita luchar en adelante sin desventaja con los pueblos europeos, sobre el terreno mismo donde éstos despliegan toda su actividad, esos orientales, decimos, no renuncian por eso a nada de lo que es lo esencial de su civilización; además, la concurrencia económica no podrá ser más que una fuente de nuevos conflictos, si no se establece un acuerdo en otro dominio y desde un punto de vista más elevado. No obstante, hay algunos orientales, muy poco numerosos, que han llegado a pensar esto: puesto que los occidentales son decididamente refractarios a la intelectualidad, que no se trate más de ella; pero, a pesar de todo, se podrían establecer quizás, con algunos pueblos de Occidente, relaciones amistosas limitadas al dominio puramente económico. Eso también es una ilusión: o se comienza por entenderse sobre los principios, y todas las dificultades secundarias se allanarán seguidamente como por sí solas, o jamás se llegará a un entendimiento verdadero sobre nada; y es solo a Occidente a quien pertenece dar, si puede, los primeros pasos en la vía de un acercamiento efectivo, porque es de la incomprensión de que ha hecho prueba hasta aquí de donde vienen en realidad todos los obstáculos.

Sería deseable que los occidentales, resignándose al fin a ver la causa de los más peligrosos malentendidos allí donde está, es decir, en sí mismos, se deshicieran de esos terrores ridículos de los que el famosísimo «peligro amarillo» es ciertamente el ejemplo más bello. Se tiene costumbre también de agitar sin ton ni son el espectro del «panislamismo»; aquí, el temor está sin duda menos absolutamente desprovisto de fundamento, ya que los pueblos musulmanes, puesto que ocupan una situación intermediaria entre Oriente y Occidente, tienen a la vez algunos rasgos de uno y otro, y tienen concretamente un espíritu mucho más combativo que el de los puros orientales; pero finalmente es menester no exagerar. El verdadero panislamismo es ante todo una afirmación de principio, de un carácter esencialmente doctrinal; para que tome la forma de una reivindicación política, es menester que los europeos hayan cometido muchas fechorías; en todo caso, no tiene nada de común con un «nacionalismo» cualquiera, que es completamente incompatible con las concepciones fundamentales del Islam. En suma, en bastantes casos (y aquí pensamos sobre todo en África del Norte), una política de «asociación» bien comprendida, que respetara integralmente la legislación Islámica, y que implicara una renuncia definitiva a toda tentativa de «asimilación», bastaría probablemente para descartar el peligro, si es que lo hubiera; cuando se piensa, por ejemplo, que las condiciones impuestas para obtener la nacionalidad francesa equivalen simplemente a una abjuración (y habría que citar muchos otros hechos en el mismo orden), nadie puede sorprenderse de que haya frecuentemente choques y dificultades que una comprehensión más justa de las cosas podría evitar muy fácilmente; pero, todavía una vez más, es precisamente esa comprehensión lo que les falta completamente a los europeos. Lo que es menester no olvidar, es que la civilización Islámica, en todos sus elementos esenciales, es rigurosamente tradicional, como lo son todas las civilizaciones orientales; esta razón es plenamente suficiente para que el panislamismo, cualquiera que sea la forma que revista, no pueda identificarse nunca con un movimiento tal como el bolchevismo, como parecen temerlo las gentes mal informadas. No querríamos formular aquí de ninguna manera una apreciación cualquiera sobre el bolchevismo ruso, ya que es muy difícil saber exactamente a qué atenerse a su respecto: es probable que la realidad sea bastante diferente de lo que se dice corrientemente, y más compleja de lo que piensan sus adversarios y sus partidarios; pero lo que hay de cierto, es que ese movimiento es claramente antitradicional, y por consiguiente, de espíritu enteramente moderno y occidental. Es profundamente ridículo pretender oponer al espíritu occidental la mentalidad alemana o incluso la rusa, y no sabemos qué sentido pueden tener las palabras para aquellos que sostienen una tal opinión, como tampoco para aquellos que califican de «asiático» el bolchevismo; de hecho, Alemania es al contrario uno de los países donde el espíritu occidental es llevado al grado más extremo; y, en cuanto a los rusos, incluso si tienen algunos rasgos exteriores de los orientales, están también tan alejados intelectualmente de ellos como es posible. Es menester agregar que, en Occidente, comprendemos también el judaísmo, que no ha ejercido nunca influencia más que de este lado, y cuya acción no ha sido incluso completamente extraña a la formación de la mentalidad moderna en general; y, precisamente, el papel preponderante desempeñado en el bolchevismo por los elementos israelitas es para los orientales, y sobre todo para los musulmanes, un grave motivo para desconfiar y mantenerse aparte; no hablamos de algunos agitadores del tipo «joven turco», que son profundamente antimusulmanes, frecuentemente también israelitas de origen, y que no tienen la menor autoridad. Tampoco en la India puede introducirse el bolchevismo, porque está en oposición con todas las instituciones tradicionales, y especialmente con la institución de las castas; desde este punto de vista, los hindúes no harían diferencia entre su acción destructiva y la que los ingleses han intentado desde hace mucho tiempo por todo tipo de medios, y, allí donde la primera ha fracasado, la segunda no tendría éxito tampoco. En lo que concierne a China, todo lo que es ruso resulta generalmente muy antipático, y, por lo demás, el espíritu tradicional no está allí menos sólidamente establecido que en todo el resto de Oriente; si algunas cosas pueden ser toleradas más fácilmente en China, a título

Oriente y Occidente

transitorio, es en razón de ese poder de absorción que es propio a la raza china, y que, incluso de un desorden pasajero, permite sacar finalmente el partido más ventajoso; en fin, para acreditar la leyenda de acuerdos inexistentes e imposibles, sería menester no invocar la presencia en Rusia de algunas bandas de mercenarios que no son más que vulgares bandoleros, de los que los chinos están muy felices de librarse en provecho de sus vecinos. Cuando los bolcheviques cuentan que ganan partidarios a sus ideas entre los orientales, se jactan o se ilusionan; la verdad, es que algunos orientales ven en Rusia, bolchevique o no, una posible aliada contra la dominación de algunas otras potencias occidentales; pero las ideas bolcheviques les son perfectamente indiferentes, e incluso, si consideran un entendimiento o una alianza temporal como aceptable en algunas circunstancias, es porque saben bien que esas ideas no podrán implantarse nunca entre ellos; si fuera de otro modo, se guardarían de favorecerlas en lo más mínimo. Se pueden aceptar como aliadas, en vista de una acción determinada, gentes con las que no se tiene ningún pensamiento común, y por quienes no se siente ni estima ni simpatía; para los verdaderos orientales, el bolchevismo, como todo lo que viene de Occidente, no será nunca más que una fuerza brutal; si esta fuerza puede prestarles servicio momentáneamente, se felicitarán por ello sin duda, pero se puede estar seguro de que, desde que ya no tengan nada que esperar de ella, tomarán todas las medidas requeridas para que no pueda devenirles perjudicial. Por lo demás, los orientales que aspiran a escapar a una dominación occidental no consentirían, ciertamente, en colocarse, para llegar a ello, en condiciones tales que corrieran el riesgo de recaer subsecuentemente bajo otra dominación occidental; no ganarían nada con el cambio, y, como su temperamento excluye toda prisa febril, preferirán siempre esperar circunstancias más favorables, por lejanas que parezcan, más que exponerse a una semejante eventualidad.

Ésta última precisión permite comprender por qué los orientales que parecen más impacientes por sacudirse el yugo de Inglaterra no han pensado, para hacerlo, en aprovechar la guerra de 1914: es que saben bien que Alemania, en caso de victoria, no dejaría de imponerles al menos un protectorado más o menos disfrazado, y, porque no querrían a ningún precio esta nueva servidumbre. Ningún oriental que haya tenido ocasión de ver a los alemanes un poco de cerca piensa que sea posible entenderse con ellos más que con los ingleses; por lo demás, ocurre lo mismo con los rusos, pero Alemania, con su organización formidable, inspira generalmente, y con razón, más temores que Rusia. Los orientales no estarán nunca a favor de ninguna potencia europea, sino que estarán siempre contra aquellas, sean cuales sean, que quieran oprimirles, pero sólo contra esas; para todo el resto, su actitud no puede ser más que neutra. Aquí, bien entendido, hablamos únicamente desde el punto de vista político y en lo que concierne a los estados o a las colectividades; siempre puede haber simpatías o antipatías individuales que quedan fuera de estas consideraciones, lo mismo que, cuando hablamos de la incomprensión occidental, no apuntamos más que a la mentalidad general, sin perjuicio de posibles excepciones. Por lo demás, esas excepciones son muy raras; no obstante, si se está persuadido, como lo estamos nosotros, del interés inmenso que presenta el retorno a las relaciones normales entre Oriente y Occidente, es menester comenzar desde ahora a prepararlas con los medios de que se dispone, por débiles que sean, y el primero de esos medios, es hacer comprender, a aquellos que son capaces de ello, cuáles son las condiciones indispensables de este acercamiento.

Esas condiciones, lo hemos dicho, son ante todo intelectuales, y son a la vez negativas y positivas: primero, destruir todos los prejuicios que son otros tantos obstáculos, y es a lo que tienden esencialmente todas las consideraciones que hemos expuesto hasta aquí; después, restaurar la verdadera intelectualidad, que Occidente ha perdido, y que el estudio del pensamiento oriental, por poco que se emprenda como debe ser, puede ayudarle a recuperar poderosamente. En eso se trata, en suma, de una reforma completa del espíritu occidental; tal es, al menos, la meta final a alcanzar; pero esta reforma, al comienzo, no podría ser realizada evidentemente más que por una elite restringida, lo que, por lo demás, sería suficiente para que diera sus frutos en un plazo más o menos lejano, por la acción que esta elite no dejaría de ejercer, incluso sin buscarla expresamente, sobre todo el medio occidental. Según toda verosimilitud, éste sería el único medio de ahorrar a Occidente los peligros muy reales que no son aquellos en los que se piensa, y que le amenazarán cada vez más si persiste en seguir sus vías actuales; y éste sería también el único medio de salvar de la civilización occidental, en el momento justo, todo lo que pueda ser conservado, es decir, todo aquello que pueda tener de ventajoso bajo algunos aspectos y de compatible con la intelectualidad normal, en lugar de dejarla desaparecer totalmente en algunos de esos cataclismos cuya posibilidad indicábamos al comienzo del presente capítulo, sin que, por lo demás, queramos arriesgar en esto la menor predicción. Sobre todo, si una tal eventualidad llegara a realizarse, la constitución preliminar de una elite intelectual, en el verdadero sentido de esta palabra, es la única que podría impedir el retorno a la barbarie; e incluso, si esta elite hubiera tenido el tiempo de actuar bastante profundamente sobre la mentalidad general, evitaría la absorción o la asimilación de Occidente por otras civilizaciones, hipótesis mucho menos temible que la precedente, pero que, no obstante, presentaría algunos inconvenientes al menos transitorios, en razón de las revoluciones étnicas que precederían necesariamente a esa asimilación. A este propósito, y antes de ir más lejos, tenemos que precisar claramente nuestra actitud: no atacamos al Occidente en sí mismo, sino sólo, lo que es completamente diferente, al espíritu moderno, en el que vemos la causa de la decadencia intelectual de Occidente; nada sería más deseable, desde nuestro punto de vista, que la reconstitución de una civilización propiamente occidental sobre bases normales, ya que la diversidad de las civilizaciones, que ha existido siempre, es la consecuencia natural de las diferencias mentales que caracterizan a las razas. Pero la diversidad en las formas no excluye de ninguna manera el acuerdo sobre los principios; entendimiento y armonía no quieren decir uniformidad, y pensar lo contrario sería sacrificar en los altares de esas utopías igualitarias contra las que nos levantamos precisamente. Una civilización normal, en el sentido en que la entendemos, podrá desarrollarse siempre sin ser un peligro para las demás civilizaciones; al tener consciencia del lugar exacto que debe ocupar en el conjunto de la humanidad terrestre, sabrá atenerse a él y no creará ningún antagonismo, porque no tendrá ninguna pretensión a la hegemonía, y porque se abstendrá de todo proselitismo. No obstante, no nos atreveríamos a afirmar que una civilización que fuera puramente occidental podría tener, intelectualmente, el equivalente de todo lo que poseen las civilizaciones orientales; en el pasado de Occidente, remontándose tan lejos como la historia nos permite conocer, no se encuentra plenamente este equivalente (salvo quizás en algunas escuelas extremadamente cerradas, y de las que, por esta razón, es difícil hablar con certeza); pero, no obstante, a este respecto, encontramos en él cosas que no son en modo alguno descuidables, y que nuestros contemporáneos cometen el gran error de ignorar sistemáticamente. Además, si Occidente llega un día a mantener relaciones intelectuales con Oriente, no vemos por qué no aprovecharía para suplir lo que aún le faltara; se pueden tomar lecciones o inspiraciones en los demás sin abdicar por ello de su independencia, sobre todo si, en lugar de contentarse con apropiaciones puras y simples, se sabe adaptar lo que se adquiere de la manera más conforme a la propia mentalidad. Pero, aún una vez más, éstas son posibilidades lejanas; y, a la espera de que Occidente vuelva a sus propias tradiciones, no hay quizás otro medio, para preparar ese retorno y para recuperar sus elementos, que proceder por analogía con las formas tradicionales que, al existir todavía actualmente, pueden ser estudiadas de una manera directa. Así, la comprensión de las civilizaciones orientales podría contribuir a reconducir a Occidente a las vías tradicionales fuera de las cuales se ha marginado desconsideradamente, mientras que, por otro lado, el retorno a esta tradición realizaría por sí mismo un acercamiento efectivo con Oriente: éstas son dos cosas que están íntimamente ligadas, de cualquier manera que se las considere, y que nos parecen igualmente útiles, e incluso necesarias. Todo eso podrá comprenderse mejor por lo que tenemos que decir todavía; pero se debe ver ya que no criticamos a Occidente por el vano placer de criticar, ni siquiera para hacer sobresalir su inferioridad intelectual en relación a Oriente; si el trabajo por el que es menester comenzar parece sobre todo negativo, es porque es indispensable, como lo decíamos al comienzo, despejar el terreno primero para poder después construir en él. De hecho, si Occidente renunciara a sus prejuicios, la tarea estaría hecha en su mitad, e incluso quizás en más de su mitad, pues nada se opondría ya a la constitución de una elite intelectual, y aquellos que poseen las facultades requeridas para formar parte de ella, al no ver ya levantarse ante ellos las barreras casi infranqueables que crean las condiciones actuales, encontrarían desde entonces fácilmente el medio de ejercer y desarrollar esas facultades, en lugar de que estén comprimidas y asfixiadas por la formación o más bien por la deformación mental que se impone al presente a quienquiera que no tenga el valor de colocarse resueltamente fuera de los cuadros convencionales. Por lo demás, para darse cuenta verdaderamente de la inanidad de esos prejuicios de que hablamos, es menester ya un cierto grado de comprehensión positiva, y, para algunos al menos, es quizás más difícil alcanzar este grado que ir más lejos cuando han llegado a él; para una inteligencia bien constituida, la verdad, por elevada que sea, debe ser más asimilable que todas las sutilezas ociosas donde se complace la «sabiduría profana» del mundo occidental.

SEGUNDA PARTE

Posibilidades de acercamiento

René Guénon

Capítulo I

TENTATIVAS INFRUCTUOSAS

Al formular la idea de un acercamiento entre Oriente y Occidente, no tenemos la pretensión de emitir una idea nueva, lo que, por lo demás, no es en modo alguno necesario para que sea interesante; el amor de la novedad, que no es otra cosa que la necesidad de cambio, y la búsqueda de la originalidad, consecuencia de un individualismo intelectual que roza la anarquía, son caracteres propios a la mentalidad moderna, por los cuales se afirman sus tendencias antitradicionales. De hecho, esta idea de acercamiento ha podido venir ya al espíritu de muchas gentes en Occidente, lo que no le quita nada de su valor ni de su importancia; pero debemos constatar que hasta aquí no ha producido ningún resultado, y que la oposición no ha hecho más que ir acentuándose aún más, lo que era inevitable desde que Occidente continuaba siguiendo su línea divergente. En efecto, es sólo a Occidente al que debe serle imputado este alejamiento, puesto que Oriente no ha variado nunca en cuanto a lo esencial; y todas las tentativas que no tenían en cuenta este hecho debían fracasar forzosamente. El gran defecto de esas tentativas, es que siempre se han hecho en sentido inverso de lo que habría sido menester para triunfar: es a Occidente a quien le incumbe acercarse a Oriente, puesto que es Occidente el que se ha alejado de Oriente, y es en vano como se esforzará en persuadir a éste para que se acerque, ya que Oriente estima que no tiene más razones para cambiar hoy que en el curso de los siglos precedentes. Bien entendido, para los orientales, no se ha tratado nunca de excluir las adaptaciones que son compatibles con el mantenimiento del espíritu tradicional, pero, si se les viene a proponer un cambio que equivale a una subversión de todo el orden establecido, no pueden más que oponer a eso una actitud nada receptiva; y el espectáculo que les ofrece Occidente está muy lejos de llevarles a dejarse convencer. Incluso si los orientales se encuentran constreñidos a aceptar en una cierta medida el progreso material, eso no constituirá nunca para ellos un cambio profundo, porque, como ya lo hemos dicho, no se interesarán en él; lo sufrirán simplemente como una necesidad, y no encontrarán en eso más que un motivo suplementario de resentimiento contra aquellos que les hayan obligado a someterse a él; lejos de renunciar a lo que es para ellos toda su razón de ser, la encerrarán en sí mismos más estrictamente que nunca, y se harán todavía más distantes y más inaccesibles.

Por lo demás, puesto que la civilización occidental es con mucho la más joven de todas, las reglas de la cortesía más elemental, si se guardaran en las relaciones de los pueblos o de las razas como en las de los individuos, deberían bastar para mostrarle que es a él, y no a los demás que son sus mayores, a quien incumbe dar los primeros pasos. Ciertamente, es Occidente quien ha ido al encuentro de los orientales, pero con intenciones completamente contrarias: no para instruirse junto a ellos, como corresponde a los jóvenes que se encuentran con ancianos, sino para esforzarse, ora brutalmente, ora insidiosamente, en convertirles a su propia manera de ver, para predicarles toda suerte de cosas con las que no tienen nada que hacer o de las que no quieren oír hablar. Los orientales, que aprecian todos bastante la cortesía, se sienten atropellados por este proselitismo intempestivo como por una grosería; al venir a ejercerse en su propio país, constituye incluso, lo que es aún más grave a sus ojos, una afrenta a las leyes de la hospitalidad; y la cortesía oriental, que nadie se engañe al respecto, no es un vano formalismo como la observación de las costumbres completamente exteriores a las que los occidentales dan el mismo nombre: reposa sobre razones mucho más profundas, porque concierne a todo el conjunto de una civilización tradicional, mientras que, en Occidente, puesto que esas razones han desaparecido con la tradición, lo que subsiste no es más que superstición hablando propiamente, sin contar las innovaciones debidas simplemente a la «moda» y a sus caprichos injustificables, con los que se cae en la parodia. Pero, volviendo al proselitismo, toda cuestión de cortesía aparte, para los orientales no es más que una prueba de ignorancia y de incomprehensión, el signo de un defecto de intelectualidad, porque implica y supone esencialmente el predominio del sentimentalismo: no se puede hacer propaganda de una idea más que si se le agrega un interés sentimental cualquiera, en detrimento de su pureza; en lo que concierne a las ideas puras, hay que contentarse con exponerlas para aquellos que son capaces de comprenderlas, sin preocuparse nunca de forzar la convicción de nadie. Este juicio desfavorable al que da pie el proselitismo, queda confirmado por todo lo que dicen y hacen los occidentales; todo aquello con lo que creen probar su superioridad, no es para los orientales más que otras tantas marcas de inferioridad.

Si uno se coloca al margen de todo prejuicio, es menester resignarse a admitir que Occidente no tiene nada que enseñar a Oriente, si no es en el dominio puramente material, en el que, todavía una vez más, no puede interesarse, porque tiene a su disposición cosas frente a las cuales las cosas materiales no cuentan apenas, y que no está dispuesto a sacrificar por vanas y fútiles contingencias. Por lo demás, el desarrollo industrial y económico, como ya lo hemos dicho, no puede provocar más que la concurrencia y la lucha entre los pueblos; así pues, ese no podría ser un terreno de acercamiento, a menos que se pretenda que también es una manera de acercar a los hombres el llevarles a batirse los unos contra los otros; pero no es así como lo entendemos, y eso no sería en suma más que un mal juego de palabras. Para nosotros, cuando hablamos de acercamiento, se trata de entendimiento y no de concurrencia; por lo demás, la única manera en que algunos orientales podrían ser tentados a admitir entre ellos el desarrollo económico, así como lo hemos explicado, no deja ninguna esperanza por ese lado. No son las facilidades aportadas por las invenciones mecánicas a las relaciones exteriores entre los pueblos las que darán nunca a éstos los medios de comprenderse mejor; de eso no puede resultar, y eso de una manera completamente general, más que choques más frecuentes y conflictos más extensos; en cuanto a los acuerdos basados sobre intereses puramente comerciales, se debería saber muy bien qué valor conviene atribuirles. Por su naturaleza, la materia es un principio de división y de separación; todo lo que procede de ella no podría servir para fundar una unión real y durable, y, por lo demás, es el cambio incesante el que es aquí la ley. No queremos decir que no sea menester de ningún modo preocuparse de los intereses económicos; pero, como lo repetimos sin cesar, es menester poner cada cosa en su lugar, y el lugar que les corresponde normalmente sería más bien el último que el primero. Eso no quiere decir tampoco que sea menester sustituirlos por utopías sentimentales a la manera de una «sociedad de las naciones» cualquiera; eso es aún menos sólido si ello es posible, puesto que no tiene como fundamento ni tan siquiera esa realidad brutal y grosera que al menos no se le puede negar a las cosas del orden puramente sensible; y el sentimiento, en sí mismo, no es menos variable e inconstante que lo que pertenece propiamente al orden material. Por lo demás, el humanitarismo, con todos sus delirios, no es frecuentemente más que una máscara de intereses materiales, máscara impuesta por la hipocresía «moralista»; no creemos apenas en el desinterés de los apóstoles de la «civilización», y, por lo demás, a decir verdad, el desinterés no es una virtud política. En el fondo, no es ni sobre el terreno económico ni sobre el terreno político dónde podrán encontrarse nunca los medios de un entendimiento, y sólo después y secundariamente la actividad económica y política será llamada a beneficiarse de ese entendimiento; esos medios, si existen, no dependen ni del dominio de la materia ni del dominio del sentimiento, sino de un dominio mucho más profundo y más estable, que no puede ser más que el de la inteligencia. Solamente queremos entender aquí la inteligencia en el sentido verdadero y completo; no se trata de ningún modo, en nuestro pensamiento, de esas falsificaciones de intelectualidad que el Occidente se obstina desgraciadamente en presentar a Oriente, y que, por otra parte, son todo lo que le puede presentar, puesto que no conoce nada más y puesto que, incluso para su propio uso, no tiene otra cosa a su disposición; pero lo que basta para contentar a Occidente bajo este aspecto es perfectamente impropio para dar a Oriente la menor satisfacción intelectual, desde que carece de todo lo esencial.

La ciencia occidental, incluso en aquello que no se confunde pura y simplemente con la industria y en aquello que es independiente de las aplicaciones prácticas, no es todavía, a los ojos de los orientales, más que ese «saber ignorante» de que hemos hablado, porque no se vincula a ningún principio de un orden superior. Limitada al mundo sensible que toma como su único objeto, no tiene por sí misma ningún valor propiamente especulativo; si todavía fuera un medio preparatorio para alcanzar un conocimiento de un orden más elevado, los orientales estarían muy inclinados a respetarla, aún estimando que este medio está muy desviado, y sobre todo que está poco adaptado a su propia mentalidad; pero ello no es así. Esta ciencia, al contrario, está constituida de tal manera que crea fatalmente un estado de espíritu que concluye en la negación de cualquier otro conocimiento, lo que hemos llamado «cientificismo»; o se toma como un fin en sí misma, o no tiene salida más que del lado de las aplicaciones prácticas, es decir, en el orden más inferior, donde la palabra misma «conocimiento», con la plenitud de sentidos que le dan los orientales, ya no podría ser empleada más que por la más abusiva de las extensiones. Los resultados teóricos de la ciencia analítica, por considerables que parezcan a los occidentales, no son sino cosas muy pequeñas para los orientales, a quienes todo eso les produce el efecto de entretenimientos infantiles, indignos de retener mucho tiempo la atención de aquellos que son capaces de aplicar su inteligencia a otros objetos, es decir, de aquellos que poseen la verdadera inteligencia, ya que el resto no es más que su reflejo más o menos obscurecido. He aquí a lo que se reduce la «elevada idea» que los orientales pueden hacerse de la ciencia europea, al decir de los occidentales (y hacemos recordar aquí el ejemplo de Leibnitz que hemos mencionado más atrás), y eso incluso si se les presentan sus producciones más auténticas y más completas, y no solo los rudimentos de la «vulgarización»; y eso no es por su parte, incapacidad de comprenderla y de apreciarla, sino que es al contrario porque la estiman en su justo valor, con la ayuda de un término de comparación que falta a los occidentales. La ciencia europea, en efecto, porque no tiene nada de profundo, porque no es verdaderamente nada más que lo que parece, es fácilmente accesible a quienquiera tomarse el trabajo de estudiarla; sin duda, toda ciencia es especialmente apropiada a la mentalidad del pueblo que la ha producido, pero en ella no hay el menor equivalente de las dificultades que encuentran los occidentales que quieren penetrar las «ciencias tradicionales» de Oriente, dificultades que provienen de que esas ciencias parten de principios de los que no tienen la menor idea, y de que emplean medios de investigación que les son totalmente extraños, y ello, porque rebasan los cuadros estrechos donde se encierra el espíritu occidental. La falta de adaptación, si existe por los dos lados, se traduce de maneras muy diferentes: para los occidentales que estudian la ciencia oriental, es una incomprensión casi irremediable, cualquiera que sea la aplicación que pongan en ello, aparte de las excepciones individuales siempre posibles, pero muy poco numerosas; para los orientales que estudian la ciencia occidental, es solo una falta de interés que no impide la comprensión, pero que, evidentemente, dispone muy poco a consagrar a ese estudio fuerzas que pueden ser mejor empleadas. Que no se cuente pues con la propaganda científica, no más que con ninguna otra especie de propaganda, para llegar a un acercamiento con Oriente; la importancia misma que los occidentales atribuyen a esas cosas da a los orientales una idea bastante pobre de su mentalidad, y, si les consideran como intelectuales, es porque la intelectualidad no tiene para ellos el mismo sentido que para los orientales.

Todo lo que decimos de la ciencia occidental, podemos decirlo también de la filosofía, y todavía con la circunstancia agravante de que, si su valor especulativo no es más grande ni más real, no tiene siquiera ese valor práctico que, por relativo y por secundario que sea, no obstante es todavía algo; y, desde este punto de vista, podemos agregar a la filosofía todo lo que, en la ciencia misma, no tiene más que el carácter de puras hipótesis. Por lo demás, en el pensamiento moderno, no puede haber ninguna separación profunda entre el conocimiento científico y el conocimiento filosófico: el primero ha llegado a englobar en él todo lo que es accesible a este pensamiento, y el segundo, en la medida en que permanece válido, no es más que una parte o una modalidad suya, a la que no se le da un lugar aparte más que por un efecto del hábito, y por razones mucho más históricas que lógicas en el fondo. Si la filosofía tiene pretensiones más grandes tanto peor para ella, ya que esas pretensiones no pueden fundarse sobre nada; cuando uno quiere atenerse al estado presente de la mentalidad occidental, no hay nada legítimo fuera de la concepción positivista, que es el resultado normal del racionalismo «cientificista», o de la concepción pragmatista, que deja decididamente de lado toda especulación para atenerse únicamente a un sentimentalismo utilitario: éstas son siempre las dos tendencias entre las que oscila toda la civilización moderna. Para los orientales, por el contrario, la alternativa así expresada no tiene ningún sentido, porque lo que les interesa verdadera y esencialmente está mucho más allá de sus dos términos, lo mismo que sus concepciones están mucho más allá de todos los problemas artificiales de la filosofía, y que sus doctrinas tradicionales están mucho más allá de todos los sistemas, invenciones puramente humanas en el sentido más estrecho de esta palabra, queremos decir invenciones de una razón individual que, desconociendo sus limitaciones, se cree capaz de abarcar todo el Universo o de construirle al gusto de su fantasía, y que, sobre todo, establece como principio la negación absoluta de todo lo que la rebasa. Por ello es menester entender la negación del conocimiento metafísico, que es de orden suprarracional, y que es el conocimiento intelectual puro, el conocimiento por excelencia; la filosofía moderna no puede admitir la existencia de la metafísica verdadera sin destruirse a sí misma, y, en cuanto a la «pseudometafísica» que se incorpora, no es más que un ensamblaje más o menos hábil de hipótesis exclusivamente racionales, y por consiguiente científicas en realidad, y que no reposan generalmente sobre nada serio. En todo caso, el alcance de esas hipótesis es siempre extremadamente restringido; los pocos elementos válidos que pueden estar mezclados en ellas no van nunca mucho más allá del dominio de la ciencia ordinaria, y su estrecha asociación con las más deplorables fantasías, no menos que la forma sistemática bajo la que se presenta todo, no puede más que desconsiderarlas totalmente a los ojos de los orientales. Éstos no tienen ese modo especial de pensamiento al que conviene propiamente el nombre de filosofía: no es entre ellos donde se puede encontrar el espíritu sistemático ni el individualismo intelectual; pero, si no tienen los inconvenientes de la filosofía, sí tienen, liberado de toda mezcla impura, el equivalente de todo lo que puede contener de interesante, y que, en sus «ciencias tradicionales», toma incluso un alcance mucho más elevado; y tienen, además, inmensamente más, puesto que tienen, como principio de todo lo demás, el conocimiento metafísico, cuyo dominio es absolutamente ilimitado. Así pues, la filosofía, con sus intentos de explicación, sus delimitaciones arbitrarias, sus sutilezas inútiles, sus confusiones incesantes, sus discusiones sin fin y su verborrea sin consistencia, les parece como un juego particularmente pueril; ya hemos contado en otra parte la apreciación de aquel hindú que, al escuchar por primera vez exponer las concepciones de algunos filósofos europeos, declaró que, en el mejor de los casos, eran ideas buenas para un niño de ocho años. Por consiguiente, es menester contar aún menos con la filosofía que con la ciencia ordinaria para inspirar la admiración de los orientales, o incluso para impresionarles favorablemente, y es menester no imaginar que adoptarán nunca esas maneras de pensar, cuya ausencia en una civilización no tiene nada de deplorable, y cuya estrechez característica es uno de los grandes peligros de la inteligencia; todo eso no es para ellos, como lo decimos, otra cosa que una falsificación de la intelectualidad, para el uso exclusivo de aquellos que, incapaces de ver más alto y más lejos, están condenados, por su propia constitución mental o por el efecto de su educación, a ignorar para siempre todo lo que es la verdadera intelectualidad.

Agregaremos todavía una palabra en lo que concierne especialmente a las «filosofías de la acción»: esas teorías no hacen en suma más que consagrar la abdicación completa de la inteligencia; quizás valga más, en un sentido, renunciar francamente a toda apariencia de intelectualidad, más bien que continuar indefinidamente ilusionándose con especulaciones irrisorias; pero, ¿por qué obstinarse entonces en querer seguir haciendo teorías? Pretender que la acción debe ser puesta por encima de todo, porque se es incapaz de alcanzar la especulación pura, esa es una actitud que, verdaderamente, recuerda mucho la del zorro de la fábula... Sea como sea, nadie puede jactarse de convertir a semejantes doctrinas a los orientales, para quienes la especulación es incomparablemente superior a la acción; por lo demás, el gusto por la acción exterior y la búsqueda del progreso material son estrechamente solidarios, y no habría lugar a volver todavía sobre ello si nuestros contemporáneos no sintieran la necesidad de «filosofar» sobre este asunto, lo que muestra bien que la filosofía, como la entienden, puede ser verdaderamente cualquier cosa, excepto la sabiduría verdadera y el conocimiento intelectual puro. Puesto que se nos presenta esta ocasión, la aprovecharemos para disipar de inmediato un malentendido posible: decir que la especulación es superior a la acción, no quiere decir que todo el mundo deba desinteresarse igualmente de esta última; en una colectividad humana jerárquicamente organizada, es menester asignar a cada uno la función que conviene a su propia naturaleza individual, y ese es el principio sobre el que reposa esencialmente, en la India, la institución de las castas. Así pues, si Occidente vuelve alguna vez a una constitución jerárquica y tradicional, es decir, fundada sobre verdaderos principios, no pretendemos que la masa occidental devenga exclusivamente contemplativa, ni siquiera que deba serlo en el mismo grado que lo es la masa oriental; la cosa es en efecto posible en Oriente, pero en Occidente hay condiciones especiales de clima y de temperamento que se oponen a ello y que se opondrán siempre. Las aptitudes intelectuales estarán sin duda mucho más extendidas de lo que lo están hoy; pero lo que es mucho más importante, es que la especulación será la ocupación normal de la elite, y que incluso no se concebirá que una elite verdadera pueda ser otra cosa que intelectual. Por lo demás, eso es suficiente para que un tal estado de cosas sea todo lo contrario del que vemos actualmente, donde la riqueza material ocupa casi enteramente el lugar de toda superioridad efectiva, primero porque se corresponde directamente con las preocupaciones y con las ambiciones dominantes del Occidente moderno, con su horizonte puramente terrestre, y después porque es efectivamente el único género de superioridad (si puede decirse que lo es) al que puede acomodarse la mediocridad del espíritu democrático. Una semejante inversión permite medir toda la extensión de la transformación que deberá operarse en la civilización occidental para que vuelva a ser normal y comparable a las demás civilizaciones, y para que deje de ser en el mundo una causa de trastorno y de desorden.

Hasta aquí, nos hemos abstenido intencionadamente de mencionar la religión entre las diferentes cosas que Occidente puede presentar a Oriente; es que, si la religión es también algo occidental, no es una cosa moderna, y es incluso contra ella que el espíritu moderno concentra toda su animosidad, porque la religión es, en Occidente, el único elemento que haya guardado un carácter tradicional. No hablamos, bien entendido, más que de la religión en el sentido propio de esta palabra, y no de las deformaciones o de las imitaciones que han tomado nacimiento, al contrario, bajo la influencia del espíritu moderno, y que llevan su marca hasta tal punto que son casi asimilables al «moralismo» filosófico. En lo que concierne a la religión propiamente dicha, los orientales no pueden tener hacia ella otra cosa que respeto, precisamente en razón de su carácter tradicional; e incluso, si los occidentales se mostraran más apegados a su religión de lo que lo están ordinariamente, serían ciertamente mejor considerados en Oriente. Solamente, lo que es menester no olvidar, es que en los orientales la tradición no reviste la forma específicamente religiosa, a excepción de los musulmanes, quienes tienen también algo de Occidente; ahora bien, la diferencia de las formas exteriores no es más que una cuestión de adaptación a las diversas mentalidades, y, allí donde la tradición no ha tomado espontáneamente la forma religiosa, es porque no tenía que tomarla. El error consiste aquí en querer hacer adoptar a los orientales formas que no están hechas para ellos, que no responden a las exigencias de su mentalidad, pero a las que reconocen no obstante la excelencia para los occidentales: es así que se puede ver a veces a hindúes aconsejar a europeos que vuelvan al catolicismo, e incluso ayudarles a comprenderle, sin tener la menor intención de adherirse ellos mismos a él. Sin duda, no hay una completa equivalencia entre todas las formas tradicionales, porque corresponden a puntos de vista que difieren realmente; pero, en la medida en que son equivalentes, la sustitución de una por otra sería evidentemente inútil; y, en la medida en que son diferentes en aspectos que van más allá de la expresión (lo que no quiere decir que sean opuestas o contradictorias), esa sustitución no podría ser más que perjudicial, porque provocaría inevitablemente un defecto de adaptación. Si los orientales no tienen la religión en el sentido occidental de la palabra, tienen de ella todo lo que les conviene; al mismo tiempo tienen más desde el punto de vista intelectual, puesto que tienen la metafísica pura, de la que la teología no es en suma más que una traducción parcial, afectada del tinte sentimental que es inherente al pensamiento religioso como tal; si tienen menos de otro lado, no es más que desde el punto de vista sentimental, y porque no tienen ninguna necesidad de él. Lo que acabamos de decir muestra también por qué la solución que estimamos preferible para Occidente es el retorno a su propia tradición, completada si hay lugar a ello en cuanto al dominio de la intelectualidad pura (lo que, por lo demás, no concierne más que a la elite); la religión no puede ocupar el lugar de la metafísica, pero no es de ningún modo incompatible con ella, y se tiene la prueba de ello en el mundo islámico, con los dos aspectos complementarios bajo los que se presenta su doctrina tradicional. Agregaremos que, incluso si Occidente repudia el sentimentalismo (y con ello entendemos el predominio acordado al sentimiento sobre la inteligencia), la masa occidental no conserva menos por eso una necesidad de satisfacciones sentimentales que únicamente puede dárselas la forma religiosa, de igual modo que conservará también una necesidad de actividad exterior que no tienen los orientales; cada raza tiene su temperamento propio, y, si es cierto que eso no son más que contingencias, no obstante no hay más que una elite bastante restringida que pueda no tenerlas en cuenta. Pero las satisfacciones de que se trata, es en la religión propiamente dicha donde los occidentales pueden y deben encontrarlas normalmente, y no en esos sucedáneos más o menos extravagantes donde se alimenta el «pseudomisticismo» de algunos contemporáneos, religiosidad inquieta y desviada que es también un síntoma de la anarquía mental que sufre el mundo moderno, por la que corre el riesgo incluso de morir, si no se le aportan remedios eficaces antes de que sea demasiado tarde.

Así, entre las manifestaciones del pensamiento occidental, unas son simplemente ridículas a los ojos de los orientales, y son todas aquellas que tienen un carácter especialmente moderno; otras son respetables, pero no son apropiadas más que a Occidente exclusivamente, aunque los occidentales de hoy día tengan una tendencia a despreciarlas o a rechazarlas, sin duda porque representan aún algo demasiado elevado para ellos. Por consiguiente, desde cualquier lado que se quiera considerar la cuestión, es completamente imposible que se opere un acercamiento en detrimento de la mentalidad oriental; como ya lo hemos dicho, es Occidente quien debe acercarse a Oriente; pero, para que se acerque efectivamente a Oriente, la buena voluntad misma no sería suficiente, y lo que sería menester sobre todo, es la comprehensión. Ahora bien, hasta aquí, los occidentales que se han esforzado en comprender a Oriente, con más o menos seriedad y sinceridad, no han llegado por lo general más que a los resultados más lamentables, porque han aportado a sus estudios todos los prejuicios de los que su espíritu estaba atestado, tanto más cuanto que eran «especialistas», que habían adquirido previamente algunos hábitos mentales de los que les era imposible deshacerse. Ciertamente, entre los europeos que han vivido en contacto directo con los orientales, hay algunos que han podido comprender y asimilarse algunas cosas, justamente porque, al no ser especialistas, estaban más libres de ideas preconcebidas; pero, por lo general, éstos no han escrito; lo que han aprendido, lo han guardado para ellos, y por lo demás, si les ha ocurrido que han hablado de ello a otros occidentales, la incomprehensión de la que éstos han hecho prueba en semejante caso ha bastado para desanimarles y para llevarles a observar la misma reserva que los orientales. Así pues, Occidente, en su conjunto, nunca ha podido aprovecharse de algunas excepciones individuales; y, en cuanto a los trabajos que se han hecho sobre Oriente y sus doctrinas, frecuentemente valdría más no conocer siquiera su existencia, ya que la ignorancia pura y simple es muy preferible a las ideas falsas. No queremos repetir todo lo que hemos dicho en otra parte sobre las producciones de los orientalistas: sobre todo tienen como efecto, por una parte, extraviar a los occidentales que han recurrido a ellas sin tener en otra parte el medio de rectificar sus errores, y, por otra, contribuir también a dar a los orientales, por la incomprehensión que se exhibe en ellas, la más enojosa idea de la intelectualidad occidental. Bajo este último aspecto, eso no hace más que confirmar la apreciación que los orientales ya han sido llevados a formular sobre todo lo que conocen de Occidente, y acentuar en ellos esa actitud de reserva de que hablábamos hace un momento; pero el primer inconveniente es aún más grave, sobre todo si la iniciativa de un acercamiento debe venir del lado occidental. En efecto, alguien que posee un conocimiento directo de Oriente, al leer la peor traducción o el comentario más fantasioso, puede sacar las parcelas de verdad que subsistan en él a pesar de todo, sin saberlo el autor que no ha hecho más que transcribir sin comprender, y que no ha acertado más que por una suerte de azar (eso ocurre sobre todo en las traducciones inglesas, que se hacen concienzudamente y sin demasiada toma de partido sistemático, pero también sin ninguna preocupación de comprehensión verdadera); frecuentemente puede incluso restablecer el sentido allí donde haya sido desnaturalizado, y, en todo caso, puede consultar impunemente obras de este género, incluso si no saca de ellas ningún provecho; pero ello es completamente diferente para el lector ordinario. Puesto que éste no posee ningún medio de control, no puede tener más que dos actitudes: o bien cree de buena fe que las concepciones orientales son tales como se le presentan, y siente un displacer muy comprehensible, al mismo tiempo que todos sus prejuicios se ven fortificados; o bien se da cuenta de que, en realidad, esas concepciones no pueden ser tan absurdas o tan desprovistas de sentido, siente más o menos confusamente que en eso debe haber otra cosa, pero no sabe lo que eso puede ser, y desesperando de no llegar a saberlo, renuncia a ocuparse de ello y no quiere pensar más en el asunto. Así, el resultado final es siempre un alejamiento, y no un acercamiento; naturalmente, no hablamos más que de las gentes que se interesan en las ideas, ya que es sólo entre éstos donde se encuentran quienes podrían comprender si se les proporcionaran los medios para ello; en lo que concierne a los demás, que no ven en eso más que un asunto de curiosidad y de erudición, no tenemos que preocuparnos de ellos. Por lo demás, la mayoría de los orientalistas no son y no quieren ser más que eruditos; mientras se limitan a trabajos históricos o filológicos, eso no tiene mayor importancia; es evidente que las obras de este género no pueden servir de nada para alcanzar la meta que consideramos aquí, de modo que su único peligro, en suma, es el común a todos los abusos de la erudición, queremos decir, la propagación de esa «miopía intelectual» que limita todo el saber a investigaciones de detalle, y el despilfarro de esfuerzos que podrían emplearse mejor en muchos casos. Pero lo que es mucho más grave a nuestros ojos, es la acción ejercida por aquellos orientalistas que tienen la pretensión de comprender y de interpretar las doctrinas, y que las travisten de la manera más increíble, llegando hasta asegurar a veces que las comprenden mejor que los orientales mismos (como Leibnitz, que se imaginaba que había descubierto el verdadero sentido de los caracteres de Fo-hy), y, sin pensar nunca en recabar el punto de vista de los representantes autorizados de las civilizaciones que quieren estudiar, lo que, no obstante, sería la primera cosa que habría que hacer, en lugar de comportarse como si se tratara de reconstruir civilizaciones desaparecidas.

Esta pretensión inverosímil no hace más que traducir la creencia que tienen los occidentales en su propia superioridad: incluso cuando consienten en tomar en consideración las ideas de los demás, se consideran tan sumamente inteligentes que deben comprender esas ideas mucho mejor que aquellos que las han elaborado, y que les basta mirarlas desde fuera para saber enteramente a qué atenerse a su respecto; cuando se tiene una tal confianza en sí mismo, se pierden generalmente todas las ocasiones que se podrían tener de instruirse realmente. Entre los prejuicios que contribuyen a mantener un tal estado de espíritu, hay uno que hemos llamado el «prejuicio clásico», y al cual ya hemos hecho alusión a propósito de la creencia en la «civilización» única y absoluta, de la que ese prejuicio no es en suma más que una forma particular: debido a que la civilización occidental moderna se considera como la heredera de la civilización grecorromana (lo que no es verdad más que hasta un cierto punto), no se quiere conocer nada fuera de ésta[24], y se está persuadido de que todo el resto no tiene interés o no puede ser más que el objeto de una suerte de interés arqueológico; se decreta que no se puede encontrar en otras partes ninguna idea válida, o que al menos, si se encuentran por azar, debían existir también en la antigüedad grecorromana; pero es aún más pintoresco cuando se llega a afirmar que esas ideas no pueden ser más que saqueos

---

[24] En un discurso pronunciado en la Cámara de los Diputados por M. Bracke, en el curso del debate sobre la reforma de la enseñanza, hemos reparado en este pasaje característico: «Vivimos en la civilización grecorromana. Para nosotros, no hay otra. La civilización grecorromana es, para nosotros, la civilización sin más». Éstas palabras, y sobre todo los aplausos unánimes que las acogieron, justifican plenamente todo lo que hemos dicho en otra parte sobre el «prejuicio clásico».

hechos a esta última. Aquellos mismos que no piensan expresamente así, por eso no sufren menos la influencia de este prejuicio: hay quienes, aunque proclaman una cierta simpatía por las concepciones orientales, quieren a toda costa hacerlas entrar en los cuadros del pensamiento occidental, lo que equivale a desnaturalizarlas totalmente, y lo que prueba que en el fondo no comprenden nada de ellas; algunos, por ejemplo, no quieren ver en Oriente más que religión y filosofía, es decir, todo lo que allí no se encuentra, y no ven nada de lo que existe en realidad. Nadie ha llevado nunca más lejos estas falsas asimilaciones que los orientalistas alemanes, que son precisamente aquellos cuyas pretensiones son más grandes, y que han llegado hasta monopolizar casi enteramente la interpretación de las doctrinas orientales: con su espíritu estrechamente sistemático, hacen de ellas, no sólo filosofía, sino algo enteramente semejante a su propia filosofía, mientras que se trata de cosas que no tienen ninguna relación con tales concepciones; evidentemente, no pueden resignarse a no comprender, ni evitar reducirlo todo a la medida de su mentalidad, mientras creen hacer un gran honor a aquellos a quienes atribuyen esas ideas «buenas para niños de ocho años». Por lo demás, en Alemania, los filósofos mismos se han mezclado en esto, y Schopenhauer, en particular, tiene ciertamente una buena parte de responsabilidad en la manera en que Oriente es interpretado allí; ¡y cuántas gentes, incluso fuera de Alemania, siguen repitiendo, desde él y su discípulo von Hartmann, frases hechas sobre el «pesimismo búdico», al que suponen incluso gustosamente que constituye el fondo de las doctrinas hindúes! Hay un buen número de europeos que se imaginan que la India es budista, tan grande es su ignorancia, y, como ocurre siempre en parecido caso, no se privan de hablar de ello sin ton ni son; por lo demás, si el público da a las formas desviadas del budismo una importancia desmesurada, la culpa de ello la tienen la cantidad increíble de orientalistas que se han especializado en ellas, y que han encontrado en eso un medio de deformar hasta esas desviaciones del espíritu oriental. La verdad es que ninguna concepción oriental es «pesimista», y que el budismo mismo no lo es; es cierto que tampoco hay en él «optimismo», pero eso prueba simplemente que esas etiquetas y esas clasificaciones no se le aplican, no más que todas aquellas que están hechas igualmente para la filosofía europea, y que no es de esa manera como se les plantean las cuestiones a los orientales; para considerar las cosas en términos de «optimismo» o de «pesimismo», es menester el sentimentalismo occidental (ese mismo sentimentalismo que empujaba a Schopenhauer a buscar «consolaciones» en las *Upanishads*), y la serenidad profunda que da a los hindúes la pura contemplación intelectual está mucho más allá de esas contingencias. No acabaríamos si quisiéramos reseñar todos los errores del mismo género, errores de los que basta uno solo para probar la incomprensión total; nuestra intención no es dar aquí un catálogo de los fracasos, germánicos y otros, en los que ha desembocado el estudio de Oriente emprendido sobre bases erróneas y al margen de todo principio verdadero. Hemos mencionado a Schopenhauer porque es un ejemplo muy «representativo»; entre los orientalistas propiamente dichos, ya hemos citado precedentemente a Deussen, que interpreta la India en función de las concepciones de este mismo Schopenhauer; recordaremos también a Max Müller, que se esfuerza en descubrir «los gérmenes del budismo», es decir, al menos según la concepción que él se hacía, de la heterodoxia, hasta en los textos vêdicos, que son los fundamentos esenciales de la ortodoxia tradicional hindú. Podríamos continuar así casi indefinidamente, incluso no anotando más que uno o dos rasgos para cada uno; pero nos limitaremos a agregar un último ejemplo, porque hace aparecer claramente un cierto partidismo que es completamente característico: es el de Oldenberg, que descarta *a priori* todos los textos donde se cuentan hechos que parecen milagrosos, y que afirma que es menester no ver en ellos más que agregados tardíos, no solo en el nombre de la «crítica histórica», sino bajo pretexto de que los «indogermanos» (*sic*) no admiten el milagro; que hable, si quiere, en nombre de los alemanes modernos, que por algo son los inventores de la pretendida «ciencia de las religiones»; pero que tenga la pretensión de asociar a los hindúes sus negaciones, que son las del espíritu antitradicional, he ahí lo que rebasa toda medida. Ya hemos dicho en otra parte lo que es menester pensar de la hipótesis del «indogermanismo», que no tiene apenas más que una razón de ser política: el orientalismo de los alemanes, como su filosofía, ha devenido un instrumento al servicio de su ambición nacional, lo que, por lo demás, no quiere decir que sus representantes sean necesariamente de mala fe; no es fácil saber hasta dónde puede llegar la ceguera que tiene como causa la intrusión del sentimiento en los dominios que deberían estar reservados a la inteligencia. En cuanto al espíritu antitradicional que constituye el fondo de la «crítica histórica» y de todo lo que se relaciona con ella más o menos directamente, es puramente occidental y, en Oriente mismo, puramente moderno; nunca insistiremos demasiado en ello, porque esto es lo que repugna más profundamente a los orientales, que son esencialmente tradicionalistas y que no serían nada si no lo fueran, pues todo lo que constituye sus civilizaciones es estrictamente tradicional; así pues, es de este espíritu del que importa deshacerse ante todo si se quiere tener alguna esperanza de entenderse con ellos.

Fuera de los orientalistas más o menos «oficiales», que, a falta de otras cualidades más intelectuales, tienen al menos una buena fe generalmente incontestable, no hay, como presentación occidental de las doctrinas de Oriente, otra cosa que los delirios y las divagaciones de los teosofistas, que no son más que un entramado de errores groseros, agravados aún por los procedimientos del más bajo charlatanismo. Hemos consagrado a este tema todo un estudio especial[25], donde, para hacer justicia enteramente a todas las pretensiones de esas gentes y para mostrar que no tienen ninguna autoridad para representar a Oriente, antes al contrario, hemos tenido que hacer llamada a los hechos históricos más rigurosamente establecidos; por consiguiente, no queremos volver sobre ello, pero no podíamos dispensarnos aquí de mencionar al menos su existencia, puesto que una de sus pretensiones es precisamente la de efectuar a su manera el acercamiento de Oriente y Occidente. Ahí también, sin hablar siquiera de los trasfondos políticos que juegan en eso un papel considerable, es el espíritu antitradicional el que, bajo la cubierta de una pseudotradición de fantasía, se da libre curso en esas teorías inconsistentes cuya trama está formada por una concepción evolucionista; bajo los jirones saqueados a las doctrinas más variadas, y detrás de la terminología sánscrita empleada casi siempre a contrasentido, no hay más que ideas completamente occidentales. Si pudiera haber en eso los

---

[25] El Teosofismo, historia de una pseudoreligión. — Ver también, Introducción general al estudio de las doctrinas hindúes, 4ª parte, cap. III.

elementos de un acercamiento, es en suma Oriente quien correría con todos los gastos: se le harían concesiones sobre las palabras, pero se le pediría el abandono de todas sus ideas esenciales, y también de todas las instituciones a las que está vinculado; solamente los orientales, sobre todo los hindúes, a los que se apunta más especialmente, no están engañados y saben perfectamente a qué atenerse sobre las verdaderas tendencias de un movimiento de ese género; no es ofreciéndoles una grosera caricatura de sus doctrinas como nadie puede jactarse de seducirles, aunque no tuvieran otros motivos para desconfiar y para mantenerse al margen. En cuanto a los occidentales que, a falta de inteligencia verdadera, tienen simplemente algo de buen sentido, apenas se entretienen en esas extravagancias, pero la pena es que se dejan persuadir demasiado fácilmente de que son orientales, mientras que no hay nada de eso; además, el buen sentido mismo escasea hoy día singularmente en Occidente, el desequilibrio mental crece cada vez más, y eso es lo que preconiza el éxito actual del teosofismo y de todas las demás empresas más o menos análogas, que reunimos bajo la denominación genérica de «neoespiritualismo». Si no hay ningún rastro de «tradición oriental» en los teosofistas, tampoco lo hay de «tradición occidental» auténtica en los ocultistas; todavía una vez más, no hay nada serio en todo eso, no hay más que un «sincretismo» confuso y más bien incoherente, en el que las concepciones antiguas son interpretadas de la manera más falsa y más arbitraria, y que parece no estar ahí más que para servir de disfraz al «modernismo» más pronunciado; si hay algún «arcaísmo» en todo eso, no es más que en las formas exteriores, y las concepciones de la antigüedad y de la edad media occidentales son casi tan completamente incomprendidas entre los ocultistas como lo son las de Oriente entre los teosofistas. Ciertamente, no es por ahí por donde Occidente podrá recuperar nunca su propia tradición, como tampoco podrá encontrarse con la intelectualidad oriental, y eso por las mismas razones; aquí también, estas dos cosas están estrechamente relacionadas, piensen lo que piensen algunos, que ven oposiciones y antagonismos allí donde no podrían existir; entre los ocultistas precisamente, hay quienes se creen obligados a no hablar de Oriente, del que lo ignoran todo, más que con epítetos injuriosos que delatan un verdadero odio, y probablemente también el despecho de sentir que hay ahí conocimientos que no llegarán a penetrar nunca. No reprochamos a los teosofistas o a los ocultistas una insuficiencia de comprehensión de la que, después de todo, no son responsables; pero, si se es occidental (lo entendemos desde el punto de vista intelectual), que se reconozca francamente, y que no se tome una máscara oriental; si se tiene el espíritu moderno, que se tenga al menos el valor de confesarlo (¡hay tantos que se vanaglorian de ello!), y que no se invoque una tradición que no se posee. Al denunciar tales hipocresías, no pensamos naturalmente más que en los jefes de los movimientos de que se trata, no en los engañados por ellos; aún es menester decir que la inconsciencia se alía frecuentemente con la mala fe, y que quizás es difícil determinar exactamente la parte de la una y de la otra; ¿acaso la hipocresía «moralista» no es también inconsciente en la mayoría? Por lo demás, poco importa en cuanto a los resultados, que son todo lo que queremos retener, y que no son por ello menos deplorables: la mentalidad occidental está cada vez más falseada, y de múltiples maneras; se extravía y se dispersa en todos los sentidos, entre las inquietudes más perturbadoras, en medio de las fantasmagorías más sombrías de una imaginación en

Oriente y Occidente

delirio; ¿será éste verdaderamente «el comienzo del fin» para la civilización moderna? No queremos hacer ninguna suposición al azar, pero, al menos, muchos de los indicios deben hacer reflexionar a aquellos que todavía son capaces de ello; ¿llegará Occidente a recobrarse a tiempo?

Para atenernos a lo que se puede constatar actualmente, y sin anticiparnos sobre el porvenir, diremos esto: todas las tentativas que se han hecho hasta aquí para acercar Oriente a Occidente se han emprendido en provecho del espíritu occidental, y por eso han fracasado. Eso es cierto, no solo para todo lo que es propaganda abiertamente occidental (y éste es en suma el caso más habitual), sino también para los intentos que pretenden basarse sobre un estudio de Oriente: se busca mucho menos comprender las doctrinas orientales en sí mismas que reducirlas a las concepciones occidentales, lo que equivale a desnaturalizarlas totalmente. Incluso si no se tiene una postura consciente y confesada de despreciar el Oriente, por ello no se supone menos implícitamente que todo lo que posee Oriente, debe poseerlo también Occidente; ahora bien, eso es completamente falso, sobre todo en lo que concierne al Occidente actual. Así, por una incapacidad de comprender que se debe en buena parte a sus prejuicios (ya que si hay algunos que tienen naturalmente esta incapacidad, hay otros que la adquieren solo a fuerza de ideas preconcebidas), los occidentales no alcanzan nada de la intelectualidad oriental; mientras se imaginan aprehenderla y traducir su expresión, no hacen más que caricaturizarla, y, en los textos o en los símbolos que creen explicar, no encuentran más que lo que allí ellos mismos han puesto, es decir, ideas occidentales: es que la letra no es nada por sí misma, y el espíritu se les escapa. En esas condiciones, Occidente no puede salir de los límites donde se ha encerrado; y como, en el interior de esos límites más allá de los cuales ya no hay verdaderamente nada para él, continúa hundiéndose sin cesar en las vías materiales y sentimentales que le alejan siempre cada vez más de la intelectualidad, es evidente que su divergencia con Oriente no puede más que acentuarse. Acabamos de ver por qué las tentativas orientalistas y pseudorientales contribuyen a eso; todavía una vez más, es Occidente quien debe tomar la iniciativa, pero para ir verdaderamente hacia Oriente, no para intentar tirar de Oriente hacia él, como ha hecho hasta aquí. Oriente no tiene ninguna razón para tomar esta iniciativa, incluso si las condiciones del mundo occidental no fueran tales que hacen inútil todo esfuerzo en este sentido; pero, si se hiciera una tentativa seria y bien comprendida por el lado de Occidente, los representantes autorizados de todas las civilizaciones orientales solo podrían mostrarse eminentemente favorables a ello. Ahora nos queda indicar cómo puede considerarse una tal tentativa, después de haber visto en este capítulo la confirmación y la aplicación de todas las consideraciones que hemos desarrollado en el curso de la primera parte de nuestra exposición, ya que lo que hemos mostrado ahí, es en suma el hecho de que son las tendencias propias del espíritu occidental moderno las que determinan la imposibilidad de toda relación intelectual con Oriente; y, mientras no se comience por entenderse sobre este terreno intelectual, todo el resto será perfectamente inútil y vano.

Capítulo II

EL ACUERDO SOBRE LOS PRINCIPIOS

Cuando se quiere hablar de principios a nuestros contemporáneos, uno no debe esperar hacerse comprender sin dificultad, ya que la mayoría de ellos ignoran totalmente lo que eso puede ser, y no sospechan siquiera que eso pueda existir; ciertamente, ellos también hablan mucho de principios, e incluso hablan de ellos demasiado, pero siempre para aplicar esta palabra a todo aquello a lo que no podría convenir. Tanto es así que, en nuestra época, se llama «principios» a leyes científicas un poco más generales que las demás, que son exactamente lo contrario en realidad, puesto que son conclusiones y resultados inductivos, y eso cuando no son más que simples hipótesis. Es así que, más comúnmente todavía, se da este nombre también a concepciones morales, que ni siquiera son ideas, sino la expresión de algunas aspiraciones sentimentales, o a teorías políticas, frecuentemente de base igualmente sentimental, como el famoso «principio de las nacionalidades», que ha contribuido al desorden de Europa más allá de todo lo que se puede imaginar; y, ¿no se llega a hablar corrientemente de «principios revolucionarios», como si eso no constituyera una contradicción en los términos? Cuando se abusa de una palabra hasta tal punto, es que se ha olvidado enteramente su verdadera significación; este caso es completamente semejante al de la palabra «tradición», aplicada, como lo hemos hecho observar precedentemente, a cualquier costumbre puramente exterior, por banal y por insignificante que sea; y, para tomar aún otro ejemplo, si los occidentales hubieran conservado el sentido religioso de sus antepasados, ¿no evitarían emplear a propósito de todo expresiones tales como las de «religión de la patria», «religión de la ciencia», «religión del deber», y otras del mismo género? No se trata de negligencias de lenguaje sin gran alcance, sino de los síntomas de esa confusión que se extiende por todas partes en el mundo moderno: ya no se sabe hacer la distinción entre los puntos de vista y los dominios más diferentes, entre aquellos que deberían permanecer más completamente separados; se pone una cosa en lugar de otra con la que no tiene ninguna relación; y el lenguaje no hace en suma más que representar fielmente el estado de los espíritus. Por lo demás, como hay correspondencia entre la mentalidad y las instituciones, las razones de esa confusión son también las razones por las que se imagina que no importa quién puede desempeñar indiferentemente no importa qué función; el igualitarismo democrático no es más que la consecuencia y la manifestación, en el orden social, de la anarquía intelectual; los occidentales de hoy día son verdaderamente, a todos los respectos, hombres «sin casta», como dicen los hindúes, e incluso «sin familia», en el sentido en que lo entienden los chinos; ya no tienen nada de lo que constituye el fondo y la esencia de las demás civilizaciones.

Estas consideraciones nos llevan precisamente a nuestro punto de partida: la civilización moderna sufre de una falta de principios, y sufre esa falta en todos los dominios; por una prodigiosa anomalía, es la única civilización, entre todas las demás, que no tiene principios, o que solo los tiene negativos, lo que equivale a lo mismo. Es como un organismo decapitado que continuara viviendo una vida a la vez intensa y desordenada; los sociólogos, a quienes gusta tanto asimilar las colectividades a los organismos (y frecuentemente de una manera completamente injustificada), deberían reflexionar un poco sobre esta comparación. Al suprimir la intelectualidad pura, cada dominio especial y contingente se considera como independiente; uno usurpa al otro, todo se mezcla y se confunde en un caos inextricable; las relaciones normales se invierten, lo que debería ser subordinado se afirma autónomo, toda jerarquía se abole en nombre de la quimérica igualdad, tanto en el orden mental como en el orden social; y, como a pesar de todo la igualdad es imposible de hecho, se crean falsas jerarquías, en las que se pone cualquier cosa en el primer rango: ya sea la ciencia, la industria, la moral, la política o las finanzas, a falta de la única cosa a la que puede y debe corresponder normalmente la supremacía, es decir, todavía una vez más, a falta de principios verdaderos. Que nadie se apresure a hablar de exageración ante un cuadro semejante; hay que tomarse más bien la molestia de examinar sinceramente el estado de las cosas, y, si no se está cegado por los prejuicios, uno se dará cuenta de que es efectivamente tal como lo describimos. Que haya grados y etapas en el desorden, no lo contestamos; no se ha llegado hasta aquí de un solo golpe, pero se debía llegar a ello fatalmente, dada la ausencia de principios que, si se puede decir, domina el mundo moderno y le constituye en lo que es; y, en el punto donde estamos hoy, los resultados son ya lo bastante visibles para que algunos comiencen a inquietarse y a presentir la amenaza de una disolución final. Hay cosas que no se pueden definir verdaderamente más que por una negación: la anarquía, en cualquier orden que sea, no es más que la negación de la jerarquía, y esto no tiene nada de positivo; civilización anárquica o sin principios, he aquí lo que es en el fondo la civilización occidental actual, y esto es exactamente la misma cosa que expresamos en otros términos cuando decimos que, contrariamente a las civilizaciones orientales, la civilización occidental no es una civilización tradicional.

Lo que llamamos una civilización tradicional, es una civilización que reposa sobre principios en el verdadero sentido de esta palabra, es decir, donde el orden intelectual domina a todos los demás, donde todo procede de él directa o indirectamente y, ya se trate de ciencias o de instituciones sociales, no son en definitiva más que aplicaciones contingentes, secundarias y subordinadas de verdades puramente intelectuales. Así, retorno a la tradición o retorno a los principios, no es realmente más que una sola y misma cosa; pero es menester comenzar evidentemente por restaurar el conocimiento de los principios, allí donde está perdido, antes de pensar en aplicarlos; no se puede hablar de reconstruir una civilización tradicional en su conjunto si no se poseen previamente los datos primeros y fundamentales que deben presidirla. Querer proceder de otro modo, es reintroducir la confusión allí donde uno se propone hacerla desaparecer, y es también no comprender lo que la tradición es en su esencia; éste es el caso de todos los inventores de pseudotradiciones a los que hemos hecho alusión más atrás; y, si insistimos sobre cosas tan evidentes, es porque el estado de la mentalidad moderna nos obliga a ello, ya que sabemos muy bien cuán difícil resulta obtener que no invierta las relaciones normales. Las gentes mejor intencionadas, si tienen algo de esta mentalidad, incluso a pesar de ellos y declarándose sus adversarios, podrían ser tentados fácilmente a comenzar por el final, aunque no fuera más que para ceder a ese singular vértigo de la velocidad que se ha apoderado de todo Occidente, o para llegar rápidamente a esos resultados visibles y tangibles que lo son todo para los modernos, de tal modo su espíritu, a fuerza de volverse hacia lo exterior, ha devenido inapto para aprehender otra cosa. Por eso es por lo que repetimos tan frecuentemente, a riesgo de parecer fastidiosos, que es menester ante todo colocarse en el dominio de la intelectualidad pura, y que no se hará nunca nada válido si no se comienza por ahí; y todo lo que se refiere a este dominio, aunque no cae bajo los sentidos, tiene consecuencias mucho más formidables que lo que no depende más que de un orden contingente; eso es quizás difícil de concebir para aquellos que no están habituados a él, pero no obstante es así. Solamente, es menester guardarse bien de confundir lo intelectual puro con lo racional, lo universal con lo general, el conocimiento metafísico con el conocimiento científico; sobre este tema, remitimos a las explicaciones que hemos dado en otra parte[26], y no pensamos tener que excusarnos por ello, ya que no podría tratarse de reproducir indefinidamente y sin necesidad las mismas consideraciones. Cuando hablamos de principios de una manera absoluta y sin ninguna especificación, o de verdades puramente intelectuales, siempre se trata del orden universal exclusivamente; ese es el dominio del conocimiento metafísico, conocimiento supraindividual y suprarracional en sí, intuitivo y no discursivo, independiente de toda relatividad; y es menester agregar aún que la intuición intelectual por la que se obtiene un tal conocimiento no tiene absolutamente nada en común con esas

---

[26] *Introducción general al estudio de las doctrinas hindúes*, 2ª Parte, cap. V.

intuiciones infrarracionales, ya sean de orden sentimental, instintivo o puramente sensible, que son las únicas que considera la filosofía contemporánea. Naturalmente, la concepción de las verdades metafísicas debe ser distinguida de su formulación, donde la razón discursiva puede intervenir secundariamente (a condición de que reciba un reflejo directo del intelecto puro y transcendente) para expresar, en la medida de lo posible, esas verdades que rebasan inmensamente su dominio y su alcance, y de las que, a causa de su universalidad, toda forma simbólica o verbal no puede dar nunca más que una traducción incompleta, imperfecta e inadecuada, propia más bien para proporcionar un «soporte» a la concepción que para expresar efectivamente lo que es por sí mismo, en su mayor parte, inexpresable e incomunicable, lo que no puede ser más que «asentido» directa y personalmente. Recordamos finalmente que, si nos atenemos a este término de «metafísica», es únicamente porque es el más apropiado de todos los que las lenguas occidentales ponen a nuestra disposición; si los filósofos han llegado a aplicarle a cualquier otra cosa, la confusión es incumbencia suya, no nuestra, puesto que el sentido en que le entendemos es el único conforme a su derivación etimológica, y esa confusión, debida a su total ignorancia de la metafísica verdadera, es completamente análoga a las que señalábamos más atrás. No estimamos que debamos tener en cuenta esos abusos de lenguaje, y basta con poner en guardia contra los errores a los que podrían dar lugar; desde que tomamos todas las precauciones requeridas a este respecto, no vemos ningún inconveniente serio para servirnos de un término como éste, y no nos gusta recurrir a neologismos cuando no es estrictamente necesario; por lo demás, ese es un problema que se evitaría frecuentemente si se tuviera el cuidado de fijar con toda la claridad deseable el sentido de los términos que se emplean, lo que valdría más, muy ciertamente, que inventar una terminología complicada y embrollada a capricho, según la costumbre de los filósofos, que, es cierto, se dan así el lujo de una originalidad poco costosa. Si hay quienes encuentran molesta esta denominación de «metafísica», se puede decir aún que aquello de lo que se trata es el «conocimiento» por excelencia, sin epíteto, y los hindúes, en efecto, no tienen ninguna otra palabra para designarle; pero, en las lenguas europeas, no pensamos que el uso de esta palabra «conocimiento» ayude a deshacer los malentendidos, puesto que se está habituado a aplicarla también, y sin aportarla ninguna restricción, a la ciencia y a la filosofía. Así pues, continuaremos hablando pura y simplemente de la metafísica como lo hemos hecho siempre; pero esperamos que no se considerarán como una digresión inútil las explicaciones que nos impone la preocupación de ser siempre tan claro como sea posible, y que, por otra parte, no nos alejan más que en apariencia del tema que nos hemos propuesto tratar.

En razón de la universalidad misma de los principios, es ahí donde el acuerdo debe ser más fácilmente realizable, y eso de una manera completamente inmediata: se conciben o no se conciben, pero, desde que se conciben, no se puede hacer otra cosa que estar de acuerdo. La verdad es una y se impone igualmente a todos aquellos que la conocen, a condición, bien entendido, de que la conozcan efectivamente y con certeza; pero un conocimiento intuitivo no puede ser más que cierto. En ese dominio, se está fuera y más allá de todos los puntos de vista particulares; las diferencias no residen nunca más que en las formas más o menos exteriores, que no son más que una adaptación secundaria, y no en los principios mismos; aquí se trata de lo que es esencialmente «informal». El conocimiento de los principios es rigurosamente el mismo para todos los hombres que lo poseen, ya que las diferencias mentales no pueden afectar más que a lo que es de orden individual, y por consiguiente contingente, y no alcanzan el dominio metafísico puro; sin duda, cada uno expresará a su manera lo que haya comprendido, en la medida en que pueda expresarlo, pero aquel que haya comprendido verdaderamente sabrá reconocer siempre, detrás de la diversidad de las expresiones, la verdad una, y así esa diversidad inevitable no será nunca una causa de desacuerdo. Solamente, para ver de esta manera, a través de las formas múltiples, lo que velan más aún que lo que expresan, es menester poseer esa intelectualidad verdadera que ha devenido tan completamente extraña al mundo occidental; no se podría creer hasta qué punto parecen entonces fútiles y miserables todas las discusiones filosóficas, que recaen sobre las palabras mucho más que sobre las ideas, si es que las ideas no están totalmente ausentes. En lo que concierne a las verdades de orden contingente, la multiplicidad de los puntos de vista individuales que se aplican a ellas puede dar lugar a diferencias reales, que, por lo demás, no son necesariamente contradicciones; el error de los espíritus sistemáticos es no reconocer como legítimo más que su propio punto de vista, y declarar falso todo lo que no se refiere a él; pero, en fin, desde que las diferencias son reales, aunque conciliables, el acuerdo puede no establecerse inmediatamente, tanto más cuanto que cada uno siente naturalmente alguna dificultad para colocarse en el punto de vista de los demás, puesto que su constitución mental no se presta a ello sin cierta repugnancia. En el dominio de los principios, no hay nada de tal, y es en eso donde reside la explicación de esta paradoja aparente, a saber, que aquello que es más elevado en una tradición cualquiera puede ser al mismo tiempo aquello que es más fácilmente aprehensible y asimilable, independientemente de toda consideración de raza o de época, y bajo la única condición de una capacidad de comprehensión suficiente; es, en efecto, aquello que está liberado de todas las contingencias. Al contrario, para todo lo demás, para todo lo que son concretamente «ciencias tradicionales», es menester una preparación especial, generalmente bastante penosa cuando no se ha nacido en la civilización que ha producido esas ciencias; es que aquí intervienen las diferencias mentales, por el solo hecho de que se trata de cosas contingentes, y la manera en que los hombres de una cierta raza consideran estas cosas, que es para ellos la más apropiada, no conviene igualmente a los hombres de las demás razas. En el interior de una civilización dada, puede haber incluso, en este orden, adaptaciones variadas según las épocas, pero que no consisten más que en el desarrollo riguroso de lo que contenía en principio la doctrina fundamental, y que así se hace explícito para responder a las necesidades de un momento determinado, sin que se pueda decir nunca que ningún elemento nuevo haya venido a agregarse a ella desde fuera; no podría ser de otra manera, desde que se trata, como es siempre el caso en Oriente, de una civilización esencialmente tradicional.

En la civilización occidental moderna, al contrario, sólo se consideran las cosas contingentes, y la manera en que se consideran es verdaderamente desordenada, porque le falta la dirección que sólo puede dar una doctrina puramente intelectual, y a la cual nada podría suplir. Evidentemente, no se trata de negar los resultados a los que se llega de esta manera, ni de negarles todo su valor relativo; parece incluso natural que se obtengan tanto más, en un dominio determinado, cuanto más estrechamente se limite a él la actividad: si las ciencias que interesan tanto a los occidentales no habían adquirido nunca anteriormente un desarrollo comparable al que se les ha dado, es porque no se les daba una importancia suficiente para consagrarles tales esfuerzos. Pero, si los resultados son válidos cuando se los toma cada uno aparte (lo que concuerda bien con el carácter completamente analítico de la ciencia moderna), el conjunto no puede producir más que una impresión de desorden y de anarquía; nadie se ocupa de la cualidad de los conocimientos que se acumulan, sino sólo de su cantidad; es la dispersión en el detalle indefinido. Además, nada hay por encima de esas ciencias analíticas: no se vinculan a nada e, intelectualmente, no conducen a nada; el espíritu moderno se encierra en una relatividad cada vez más reducida, y, en este dominio tan poco extenso en realidad, aunque lo encuentre inmenso, confunde todo, asimila los objetos más distintos, quiere aplicar a uno los métodos que convienen exclusivamente a otro, transporta a una ciencia las condiciones que definen a otra ciencia diferente, y finalmente se pierde en ella y ya no puede reconocerse, porque le faltan los principios directores. De ahí el caos de las teorías innumerables, de las hipótesis que se enfrentan, se entrechocan, se contradicen, se destruyen y se reemplazan las unas a las otras, hasta que, renunciando a saber, se ha llegado a declarar que hay que investigar sólo por investigar, que la verdad es inaccesible al hombre, que quizás ni siquiera existe, que no hay que preocuparse más que de lo que es útil o ventajoso, y que, después de todo, si se encuentra bueno llamarlo verdad, no hay en eso ningún inconveniente. La inteligencia que niega así la verdad niega su propia razón de ser, es decir, se niega a sí misma; la última palabra de la ciencia y de la filosofía occidentales, es el suicidio de la inteligencia; y, para algunos, eso no es quizás más que el preludio de ese monstruoso suicidio cósmico soñado por algunos pesimistas que, al no haber comprendido nada de lo que han entrevisto del Oriente, han tomado por la nada la suprema realidad del «no ser» metafísico, y por inercia la suprema inmutabilidad del eterno «no actuar».

La única causa de todo este desorden, es la ignorancia de los principios; que se restaure el conocimiento intelectual puro, y todo el resto podrá devenir normal: se podrá reponer el orden en todos los dominios, establecer lo definitivo en el lugar de lo provisorio, eliminar todas las vanas hipótesis, aclarar por la síntesis los resultados fragmentarios del análisis, y, reubicando esos resultados en el conjunto de un conocimiento verdaderamente digno de este nombre, darles, aunque no deban ocupar en él más que un rango subordinado, un alcance incomparablemente más elevado que aquel al que pueden pretender actualmente. Para eso, primero es menester buscar la metafísica verdadera donde existe todavía, es decir, en Oriente; y después, pero sólo después, conservando las ciencias occidentales en lo que ellas tienen de válido y de legítimo, se podrá pensar en darles una base tradicional, vinculándolas para ello a los principios de la manera que convenga a la naturaleza de sus objetos, y asignándoles el lugar que les pertenece en la jerarquía de los conocimientos. Querer comenzar por construir en Occidente algo comparable a las «ciencias tradicionales» de Oriente, es propiamente querer una imposibilidad; y, si es cierto que Occidente tuvo antiguamente, sobre todo en la edad media, sus «ciencias tradicionales», es menester reconocer que en su mayor parte están casi enteramente perdidas, que, incluso de lo que subsiste de ellas, ya no se tiene la clave, y que serían tan completamente inasimilables para los occidentales actuales como puedan serlo las que son para el uso de los orientales; las elucubraciones de los ocultistas que han querido enredarse en la tarea de reconstruir tales ciencias constituyen una prueba suficiente de ello. Eso no quiere decir que, cuando se tengan los datos indispensables para comprender, es decir, cuando se posea el conocimiento de los principios, no sea posible inspirarse en una cierta medida en esas ciencias antiguas, tanto como en las ciencias orientales, sacar de las unas y de las otras algunos elementos utilizables, y sobre todo encontrar en ellas el ejemplo de lo que es menester hacer para dar a las demás ciencias un carácter análogo; pero siempre se tratará de adaptar, y no de copiar pura y simplemente. Como ya lo hemos dicho, sólo los principios son rigurosamente invariables; su conocimiento es el único que no es susceptible de ninguna modificación, y, por lo demás, encierra en sí mismo todo lo que es necesario para realizar, en todos los órdenes de lo relativo, todas las adaptaciones posibles. Así pues, la elaboración secundaria de lo que se trata podrá cumplirse por sí sola desde que este conocimiento la presida; y, si este conocimiento es poseído por una elite bastante poderosa para determinar el estado de espíritu general que conviene, todo el resto se hará con una apariencia de espontaneidad, de igual modo que parecen espontáneas las producciones del espíritu actual; eso no es nunca más que una apariencia, ya que la masa es siempre influenciada y dirigida sin saberlo, pero es tan posible dirigirla en un sentido normal como provocar y mantener en ella una desviación mental. Así pues, la tarea de orden puramente intelectual, que debería cumplirse en primer lugar, es verdaderamente la primera bajo todos los aspectos, a la vez la más necesaria y la más importante, puesto que es de ella de donde depende y deriva todo; pero, cuando empleamos esta expresión de «conocimiento metafísico», son muy poco numerosos, entre los occidentales de hoy día, aquellos que pueden sospechar, ni siquiera vagamente, todo lo que eso implica.

Los orientales (no hablamos más que de aquellos que cuentan verdaderamente) no consentirán nunca en tomar en consideración más que una civilización que tenga, como las suyas, un carácter tradicional; pero no puede tratarse de dar este carácter, de un día para otro, y sin preparación de ningún tipo, a una civilización que está totalmente desprovista de él; los delirios y las utopías no son asunto nuestro, y conviene dejar a los entusiastas irreflexivos ese incurable «optimismo» que les hace incapaces de reconocer lo que puede o no puede hacerse en tales condiciones determinadas. Los orientales, que no dan al tiempo más que un valor relativo, saben bien de qué se trata, y no cometerían esos errores a los que los occidentales pueden ser arrastrados por la prisa enfermiza que aportan a todas sus empresas, y que compromete irremediablemente su estabilidad: cuando se cree llegar al término, todo se derrumba; es como si se quisiera edificar un edificio sobre un terreno movedizo sin tomarse el trabajo de comenzar por establecer unos cimientos sólidos, bajo pretexto de que los cimientos no se ven. Ciertamente, aquellos que emprendan una obra como la que nos ocupa no deberían esperar obtener inmediatamente resultados aparentes; pero su trabajo no será por eso menos real y eficaz, muy al contrario, y, aunque no tengan ninguna esperanza de ver nunca su expansión exterior, por ello no recogerían menos personalmente muchas otras satisfacciones y beneficios inapreciables. No hay ninguna medida común entre los resultados de un trabajo completamente interior, y del orden más elevado, y todo lo que se puede obtener en el dominio de las contingencias;

si los occidentales piensan de otro modo e invierten, aquí también, las relaciones naturales, es porque no saben elevarse por encima de las cosas sensibles; siempre es fácil despreciar lo que no se conoce, y, cuando se es incapaz de alcanzarlo, es incluso el mejor medio de consolarse de la propia impotencia, medio que, por lo demás, está al alcance de todo el mundo. Pero, se dirá quizás, si esto es así, y si este trabajo interior por el que es menester comenzar es en suma el único verdaderamente esencial, ¿por qué preocuparse de otra cosa? Es que, si las contingencias no son ciertamente más que secundarias, no obstante existen; desde que estamos en el mundo manifestado, no podemos desinteresarnos enteramente de ellas; y por lo demás, puesto que todo debe derivar de los principios, el resto puede ser obtenido en cierto modo «por añadidura», y se cometería un gran error si se impidiera considerar esta posibilidad. Además hay otra razón, más propia a las condiciones actuales del espíritu occidental: puesto que este espíritu es lo que es, habría pocas posibilidades de interesar, incluso a la elite posible (queremos decir, a aquellos que poseen las aptitudes intelectuales requeridas, pero no desarrolladas), en una realización que debería permanecer puramente interior, o que al menos no se le presentaría más que bajo este único aspecto; se la puede interesar mucho más mostrándole que esta realización misma debe producir, aunque sea lejanamente, resultados en el exterior, lo que, por lo demás, es la estricta verdad. Si la meta es siempre la misma, hay muchas vías diferentes para alcanzarla, o, más bien, para acercarse a ella, ya que, desde que se ha llegado al dominio transcendente de la metafísica, toda diversidad se desvanece; entre todas esas vías, es menester escoger la que conviene mejor a los espíritus a los que se dirige. Al comienzo sobre todo, cualquier cosa, o casi, puede servir de «soporte» y de ocasión; allí donde no hay organizada ninguna enseñanza tradicional, si llega a producirse excepcionalmente un desarrollo intelectual, a veces sería muy difícil decir por qué ha sido determinado, y las cosas más diferentes y más inesperadas han podido de hecho servirle de punto de partida, según las naturalezas individuales, y también según las circunstancias exteriores. En todo caso, no porque uno se consagre esencialmente a la pura intelectualidad está obligado a perder de vista la influencia que puede y debe ejercer en todos los dominios, por indirectamente que sea, y aunque esta influencia no tenga la necesidad de ser querida expresamente. Agregamos también, aunque esto sea sin duda más difícil de comprender, que ninguna tradición ha prohibido nunca, a aquellos que ha conducido a ciertas cimas, dirigir después hacia los dominios inferiores, sin perder por eso nada de lo que han adquirido y que no puede serles arrebatado, las «influencias espirituales» que han concentrado en sí mismos, y que, repartiéndose gradualmente en esos diversos dominios según sus relaciones jerárquicas, difundirán en ellos un reflejo y una participación de la inteligencia suprema[27].

Entre el conocimiento de los principios y la reconstitución de las «ciencias tradicionales», podría tener lugar otra tarea, u otra parte de la misma tarea, cuya acción se haría sentir más directamente en el orden social; por lo demás, en una medida bastante amplia, ésta es la única de la que Occidente podría encontrar todavía los medios en sí mismo; pero esto requiere

---

[27] Esa frase contiene una alusión precisa al simbolismo tibetano de *Avalokitêshwara*.

algunas explicaciones. En la edad media, la civilización occidental tenía un carácter incontestablemente tradicional; si lo tenía de una manera tan completa como las civilizaciones orientales, es lo que es difícil decidir, sobre todo aportando pruebas formales en un sentido o en el otro. Para atenerse a lo que se conoce generalmente, la tradición occidental, tal como existía en aquella época, era una tradición de forma religiosa; pero eso no quiere decir que no haya habido otra cosa, y no por eso, en una cierta elite, la intelectualidad pura, superior a todas las formas, debía estar necesariamente ausente. Ya hemos dicho que en eso no hay ninguna incompatibilidad, y hemos citado a este propósito el ejemplo del Islam; si lo recordamos aquí, es porque la civilización islámica es precisamente aquella cuyo tipo se acerca más, en muchos aspectos, al de la civilización europea de la edad media; y en eso hay una analogía que quizás sería bueno tener en cuenta. Por otra parte, es menester no olvidar que las verdades religiosas o teóricas, puesto que no son, como tales, consideradas desde un punto de vista puramente intelectual, y puesto que no tienen la universalidad que pertenece exclusivamente a la metafísica, no son principios más que en un sentido relativo; si los principios propiamente dichos, de los que esos son sólo una aplicación, no hubieran sido conocidos de manera plenamente consciente por algunos al menos, por poco numerosos que fueran, nos parece difícil admitir que la tradición, exteriormente religiosa, hubiera podido tener toda la influencia que ha ejercido efectivamente en el curso de un periodo tan largo, y producir, en diversos dominios que no parecen concernirla directamente, todos los resultados que la historia ha registrado y que sus modernos falsificadores no pueden llegar a disimular enteramente. Por lo demás, es menester decir que, en la doctrina escolástica, hay al menos una parte de

Oriente y Occidente

metafísica verdadera, quizás insuficientemente desprendida de las contingencias filosóficas, y bastante poco claramente distinguida de la teología; ciertamente, no es la metafísica total, pero es metafísica, mientras que en los modernos no hay ni rastro de ella[28]; y decir que hay metafísica, es decir que esta doctrina, para todo lo que abarca, debe encontrarse necesariamente de acuerdo con toda otra doctrina metafísica. Las doctrinas orientales van mucho más lejos, y de varias maneras; pero puede que haya habido, en la edad media occidental, complementos a lo que se enseñaba exteriormente, y que esos complementos, para uso exclusivo de medios muy cerrados, no hayan sido formulados nunca en ningún texto escrito, de suerte que, a este respecto, todo lo más que se puede encontrar son alusiones simbólicas, suficientemente claras para quien sabe de qué se trata, pero perfectamente ininteligibles para cualquier otro. Sabemos bien que hay actualmente, en muchos medios religiosos, una tendencia muy clara a negar todo «esoterismo», tanto para el pasado como para el presente; pero creemos que esta tendencia, además de que puede implicar algunas concesiones involuntarias al espíritu moderno, proviene en una buena parte de que se piensa demasiado en el falso esoterismo de algunos contemporáneos, que no tiene absolutamente nada en común con el verdadero esoterismo que tenemos en vista y del que todavía es posible descubrir muchos indicios cuando no se está afectado de ninguna idea preconcebida. Sea como sea, hay un hecho incontestable: es

---

[28] Sólo Leibnitz ha intentado retomar algunos elementos tomados a la escolástica, pero los ha mezclado a consideraciones de un orden completamente diferente, que les quitan casi todo su alcance, y que prueban que no los comprendía sino muy imperfectamente.

que la Europa de la edad media tuvo en diversas ocasiones, si no de una manera continua, relaciones con los orientales, y que estas relaciones tuvieron una acción considerable en el dominio de las ideas; se sabe, pero quizás incompletamente todavía, lo que Europa debe a los árabes, intermediarios naturales entre Occidente y las regiones más lejanas de Oriente; y también hubo relaciones directas con el Asia central y la China misma. Habría lugar a estudiar más particularmente la época de Carlomagno, y también la de las cruzadas, donde, si bien hubo luchas en lo exterior, hubo igualmente entendimiento en un plano más interior, si es permisible expresarlo así; y debemos hacer observar que las luchas, suscitadas por la forma igualmente religiosa de las dos tradiciones en presencia, no tienen ninguna razón de ser y no pueden producirse allí donde existe una tradición que no reviste esa forma, así como ocurre con las civilizaciones más orientales; en este último caso, no puede haber ni antagonismo ni siquiera simple concurrencia. Por lo demás, después tendremos la ocasión de volver sobre este punto; lo que queremos hacer destacar por el momento, es que la civilización occidental de la edad media, con sus conocimientos verdaderamente especulativos (incluso reservando la cuestión de saber hasta dónde se extendían), y con su constitución social jerarquizada, era suficientemente comparable a las civilizaciones orientales como para permitir algunos intercambios intelectuales (con la misma reserva), que el carácter de la civilización moderna, por el contrario, hace actualmente imposibles.

Si algunos, aún admitiendo que se impone una regeneración de Occidente, se sienten tentados a preferir una solución que permita no recurrir más que a medios puramente occidentales (y, en el fondo, sólo un cierto sentimentalismo podría inclinarles a ello), harán sin duda esta objeción: ¿por qué pues, no volver pura y simplemente, aportando todas las modificaciones necesarias bajo el aspecto social, a la tradición religiosa de la edad media? En otros términos, ¿por qué no podríamos contentarnos, sin buscar más lejos, con devolver al Catolicismo la preeminencia que tenía en aquella época, es decir, con reconstituir bajo una forma apropiada la antigua «Cristiandad», cuya unidad fue rota por la Reforma y por los acontecimientos que se siguieron? Ciertamente, si eso fuera inmediatamente realizable, ya sería algo, sería incluso mucho para remediar el espantoso desorden del mundo moderno; pero, desafortunadamente, eso no es tan fácil como puede parecerles a algunos teóricos, lejos de ello, ya que obstáculos de todo tipo no tardarían en levantarse ante aquellos que quisieran ejercer una acción efectiva en este sentido. No vamos a enumerar todas esas dificultades, pero haremos observar que la mentalidad actual, en su conjunto, apenas parece dispuesta a prestarse a una transformación de este género; así pues, aquí también, sería menester todo un trabajo preparatorio que, admitiendo que aquellos que quisieran emprenderle tuvieran verdaderamente a su disposición los medios para ello, no sería quizás menos largo ni menos penoso que el que consideramos por nuestra parte, y cuyos resultados no serían nunca tan profundos. Además, nada prueba que no haya habido, en la civilización tradicional de la edad media, más que el lado exterior y propiamente religioso; hubo ciertamente otra cosa, aunque no fuera más que la escolástica, y acabamos de decir por qué pensamos que debió haber más aún, ya que ésta, a pesar de su interés incontestable, no es más que lo exterior. Finalmente, si nos encerramos así en una forma especial, el entendimiento con las demás civilizaciones no podría realizarse más que en una medida bastante limitada, en lugar de hacerse ante todo sobre lo que hay de más fundamental, y así, entre las cuestiones que se le refieren, hay muchas todavía que no serían resueltas, sin contar con que los excesos del proselitismo occidental serían siempre de temer y amenazarían perpetuamente con comprometerlo todo, pues este proselitismo no puede ser detenido definitivamente más que por la plena comprehensión de los principios y por el acuerdo esencial que, incluso sin necesidad de ser formulado expresamente, resultaría inmediatamente de ella. No obstante, es evidente que, si el trabajo a cumplir en los dos dominios metafísico y religioso pudiera efectuarse paralelamente y al mismo tiempo, no veríamos en ello más que ventajas, pues estamos persuadidos de que, incluso si las dos cosas se llevaran a cabo independientemente la una de la otra, los resultados, finalmente, no podrían ser más que concordantes. De todas maneras, si las posibilidades que tenemos en vista deben realizarse, la renovación propiamente religiosa se impondrá más pronto o más tarde como un medio especialmente apropiado para Occidente; podrá ser una parte de la obra reservada a la elite intelectual, cuando ésta se haya constituido, o bien, si se hace previamente, la elite encontrará en ella un apoyo conveniente para su acción propia. La forma religiosa contiene todo lo que le es menester a la masa occidental, que verdaderamente no puede encontrar en otra parte las satisfacciones que exige su temperamento; esta masa no tendrá nunca necesidad de otra cosa, y es a través de esta forma cómo deberá recibir la influencia de los principios superiores, influencia que, aunque así es indirecta, por ello no será menos una participación real[29]. En una tradición completa, puede haber así dos aspectos complementarios y superpuestos, que no podrían contradecirse o entrar en conflicto de ninguna manera, puesto que se refieren a dominios esencialmente distintos; por lo demás, el aspecto intelectual puro no concierne directamente más que a la elite, que es la única que debe ser forzosamente consciente de la comunicación que se establece entre los dos dominios para asegurar la unidad total de la doctrina tradicional.

En suma, por nada del mundo querríamos ser exclusivos, y estimamos que ningún trabajo es inútil, por poco que sea dirigido en el sentido requerido; los esfuerzos que recaigan sólo sobre los dominios más secundarios pueden dar también algo que no sea enteramente desdeñable, y cuyas consecuencias, sin ser de una aplicación inmediata, podrían encontrarse después y, coordinándose con todo el resto, concurrir por su parte, por débil que sea, a la constitución de ese conjunto que consideramos para un porvenir sin duda muy lejano. Es así como el estudio de las «ciencias tradicionales», cualquiera que sea su proveniencia, si hay quienes quieren emprenderle desde ahora (no en su integralidad, lo que al presente es imposible, sino en algunos elementos al menos), nos parece una cosa digna de ser aprobada, pero con la doble condición de que ese estudio se haga con datos suficientes para no extraviarse, lo que supone ya mucho más de lo que se podría creer, y de que no haga perder de vista nunca lo esencial. Por lo demás, éstas dos condiciones van juntas: aquel que posee

---

[29] Convendría hacer aquí una aproximación con la institución de las castas y la manera en que la participación en la tradición se asegura con ella.

una intelectualidad bastante desarrollada como para librarse con seguridad a un tal estudio no corre el riesgo de ser tentado de sacrificar lo superior a lo inferior; en cualquier dominio que tenga que ejercer su actividad, no verá nunca más que un trabajo auxiliar del que se cumple en la región de los principios. En las mismas condiciones, si ocurre a veces que la «filosofía científica» se encuentra accidentalmente, por algunas de sus conclusiones, con las antiguas «ciencias tradicionales», puede haber algún interés en hacerlo destacar, pero evitando cuidadosamente parecer hacer a estas últimas solidarias de cualquier teoría científica o filosófica particular, ya que toda teoría de este género cambia y pasa, mientras que todo lo que reposa sobre una base tradicional recibe de ella un valor permanente, independiente de los resultados de toda investigación ulterior. En fin, por el hecho de que haya encuentros o analogías, es menester no concluir nunca en asimilaciones imposibles, puesto que se trata de modos de pensamiento esencialmente diferentes; y no se podría estar demasiado atento a no decir nada que pueda interpretarse en este sentido, ya que la mayoría de nuestros contemporáneos, por la manera misma en que está limitado su horizonte mental, son muy dados a estas asimilaciones injustificadas. Bajo estas reservas, podemos decir que todo lo que se hace en un espíritu verdaderamente tradicional tiene su razón de ser, e incluso una razón profunda; pero no obstante hay un cierto orden que conviene observar, al menos de una manera general, en conformidad con la jerarquía necesaria de los diferentes dominios. Por lo demás, para tener plenamente el espíritu tradicional (y no sólo «tradicionalista», lo que no implica más que una tendencia o una aspiración), es menester haber penetrado ya en el dominio de los principios, lo suficientemente al menos como para haber recibido la dirección interior de la que ya no es posible apartarse nunca.

Capítulo III

CONSTITUCIÓN Y FUNCIÓN DE LA ÉLITE

En diversas ocasiones, en lo que precede, ya hemos hablado de lo que llamamos la elite intelectual; probablemente se habrá comprendido sin esfuerzo que lo que entendemos por elite no tiene nada en común con lo que, en el Occidente actual, se designa a veces con el mismo nombre. Los expertos y los filósofos más eminentes en sus especialidades pueden no estar cualificados de ninguna manera para formar parte de esta elite; hay incluso muchas posibilidades de que no lo estén, en razón de los hábitos mentales que han adquirido, de los múltiples prejuicios que les son inseparables, y sobre todo de esa «miopía intelectual» que es su consecuencia más ordinaria; siempre puede haber honorables excepciones, ciertamente, pero sería menester no contar demasiado con ellas. De una manera general, hay más posibilidades con un ignorante que con aquel que se haya especializado en un orden de estudios esencialmente limitado, y que ha sufrido la deformación inherente a una cierta educación; el ignorante puede tener en él posibilidades de comprehensión a las que no les ha faltado más que una ocasión para desarrollarse, y este caso puede ser tanto más frecuente cuanto más defectuosa sea la manera en que se distribuye la enseñanza occidental. Puesto que las aptitudes que tenemos en vista cuando hablamos de la elite son del orden de la intelectualidad pura, no pueden ser determinadas por ningún criterio exterior, y son cosas que no tienen nada que ver con la instrucción «profana»; en algunos países de Oriente hay gentes que, no sabiendo ni leer ni escribir, por ello no llegan menos a un grado muy elevado en la elite intelectual. Por lo demás, es menester no exagerar, ni en un sentido ni en el otro: por el hecho de que dos cosas sean independientes, no se sigue que sean incompatibles; y si, en las condiciones del mundo occidental sobre todo, la instrucción «profana» o exterior puede proporcionar medios de acción suplementarios, ciertamente sería un error desdeñarla más allá de lo debido. Solamente, hay algunos estudios que no se pueden hacer impunemente más que cuando, habiendo adquirido ya esa invariable dirección interior a la que hemos hecho alusión, se está inmunizado definitivamente contra toda deformación mental; cuando se ha llegado a este punto, ya no hay ningún peligro que temer, ya que siempre se sabe hacia dónde se va: se puede abordar cualquier dominio sin correr el riesgo de extraviarse en él, y ni siquiera de detenerse más de lo que conviene, ya que se conoce de antemano su importancia exacta; ya no se puede ser seducido por el error, bajo cualquier forma que se presente, ni confundirle con la verdad, ni mezclar lo contingente con lo absoluto; si quisiéramos emplear aquí un lenguaje simbólico, podríamos decir que se posee a la vez una brújula infalible y una coraza impenetrable. Pero, antes de llegar ahí, frecuentemente son necesarios largos esfuerzos (no decimos siempre, puesto que el tiempo no es, a este respecto, un factor esencial), y es entonces cuando son necesarias las mayores precauciones para evitar toda confusión, en las condiciones actuales al menos, ya que es evidente que los mismos peligros no podrían existir en una civilización tradicional, donde aquellos que están verdaderamente dotados intelectualmente encuentran todas las facilidades para desarrollar sus aptitudes; en Occidente, al contrario, no pueden encontrar al presente más que obstáculos, frecuentemente insuperables, y sólo gracias a circunstancias bastante excepcionales se puede salir de los cuadros impuestos por las convenciones tanto mentales como sociales.

Así pues, en nuestra época, la elite intelectual, tal como la entendemos, es verdaderamente inexistente en Occidente; los casos de excepción son demasiado raros y demasiado aislados como para que se les considere como constituyendo algo que pueda llevar este nombre, y, en realidad, en su mayoría son completamente extraños al mundo occidental, ya que se trata de individualidades que, al deber todo a Oriente bajo el aspecto intelectual, se encuentran, a este respecto, casi en la misma situación que los orientales que viven en Europa, y que saben muy bien qué abismo les separa mentalmente de los hombres que les rodean. En estas condiciones, ciertamente se siente la tentación de encerrarse en uno mismo, más bien que arriesgarse, al buscar expresar algunas ideas, a chocar con la indiferencia general o incluso a provocar reacciones hostiles; no obstante, si se está persuadido de la necesidad de algunos cambios, es menester comenzar a hacer algo en este sentido, y dar al menos, a aquellos que son capaces de ello (ya que debe haberlos a pesar de todo), la ocasión de desarrollar sus facultades latentes. La primera dificultad es llegar a aquellos que están así cualificados, y que pueden no tener la menor sospecha de sus propias posibilidades; una segunda dificultad sería seguidamente operar una selección y descartar a aquellos que podrían creerse cualificados sin estarlo efectivamente, pero debemos decir que, muy probablemente, esta eliminación se haría casi por sí misma. Todas estas cuestiones no tienen por qué plantearse allí donde existe una enseñanza tradicional organizada, que cada uno puede recibir según la medida de su propia capacidad, y hasta el grado preciso que es susceptible de obtener; en efecto, hay medios de determinar exactamente el ámbito en el que pueden extenderse las posibilidades intelectuales de una individualidad dada; pero éste es un tema que es sobre todo de orden «práctico», si se puede emplear esta palabra en parecido caso, o «técnico», si se prefiere, y que no tendría ningún interés tratarlo en el estado actual del mundo occidental. Por lo demás, en este momento solo queremos hacer presentir, de modo bastante lejano, algunas de las dificultades que habría que superar para llegar a un comienzo de organización, a una constitución siquiera embrionaria de la elite; así pues, sería demasiado prematuro intentar desde ahora definir los medios de esa constitución, medios que, si hay lugar a considerarlos un día, dependerán forzosamente de las circunstancias en una amplia medida, como todo lo que es propiamente una cuestión de adaptación. La única cosa que sea realizable hasta nueva orden, es dar de alguna manera la consciencia de sí mismos a los elementos posibles de la futura elite, y eso no puede hacerse más que exponiendo algunas concepciones que, cuando lleguen a aquellos que son capaces de comprender, les mostrarán la existencia de lo que ignoraban, y les harán al mismo tiempo entrever la posibilidad de ir más lejos. Todo lo que se refiere al orden metafísico es, en sí mismo, susceptible de abrir, a quien lo concibe verdaderamente, horizontes ilimitados; y aquí no se trata de una hipérbole ni de una manera de hablar, sino que es menester entenderlo de una manera completamente literal, como una consecuencia inmediata de la universalidad misma de los principios. Aquellos a quienes se habla simplemente de estudios metafísicos, y de cosas que pertenecen exclusivamente al dominio de la pura intelectualidad, apenas pueden sospechar, al primer golpe de vista, todo lo que eso implica; que nadie se equivoque aquí: se trata de las cosas más formidables, en comparación con las cuales todo lo demás no es más que un juego de niños. Por lo demás, es por esto por lo que aquellos que quieren abordar este dominio sin poseer las cualificaciones requeridas para llegar al menos a los primeros grados de la comprehensión verdadera, se retiran espontáneamente desde que se encuentran puestos en la situación de emprender un trabajo serio y efectivo; los verdaderos misterios se defienden por sí solos contra toda curiosidad profana; su naturaleza misma les protege contra todo atentado de la necedad humana, no menos que de los poderes de ilusión que se pueden calificar de «diabólicos» (y cada uno es libre de poner bajo esta palabra todos los sentidos que le plazcan, propios o figurados). Así pues, sería perfectamente pueril recurrir aquí a prohibiciones que, en un tal orden de cosas, no podrían tener la menor razón de ser; parecidas prohibiciones son quizás legítimas en otros casos, que no tenemos la intención de discutir, pero no pueden concernir a la intelectualidad pura; y, sobre los puntos que, al rebasar la simple teoría, exigen una cierta reserva, no hay necesidad de hacer tomar, a aquellos que saben a qué atenerse a su respecto, compromisos cualesquiera para obligarles a guardar siempre la prudencia y la discreción necesarias; todo eso está mucho más allá del alcance de las fórmulas exteriores, cualesquiera que puedan ser, y no tiene relación ninguna con esos «secretos» más o menos extravagantes que invocan sobre todo aquellos que no tienen nada que decir.

Puesto que hemos sido llevados a hablar de la organización de la elite, debemos señalar, a este propósito, una confusión que frecuentemente hemos tenido la ocasión de constatar: muchas gentes, al oír pronunciar la palabra «organización», se imaginan de inmediato que se trata de algo comparable a la formación de una agrupación o de una asociación cualquiera. Eso es un error completo, y aquellos que se hacen tales ideas prueban con ello que no comprenden ni el sentido ni el alcance de la cuestión; lo que acabamos de decir en último lugar debe hacer entrever ya las razones de ello. De la misma manera que la metafísica verdadera no puede encerrarse en las fórmulas de un sistema o de una teoría particular, la elite intelectual tampoco podría acomodarse a las formas de una «sociedad» constituida con estatutos, reglamentos, reuniones, y todas las demás manifestaciones exteriores que esta palabra implica necesariamente; se trata de algo muy diferente de semejantes contingencias. Que no se diga que, al comienzo, para formar de algún modo un primer núcleo, podría ser necesario considerar una organización de ese género; eso sería un punto de partida muy malo, que sólo podría conducir a un fracaso. En efecto, esa forma de «sociedad» no solo es inútil en parecido caso, sino que sería extremadamente peligrosa, en razón de las desviaciones que no dejarían de producirse: por rigurosa que sea la selección, sería muy difícil impedir, sobre todo al comienzo y en un medio tan poco preparado, que no se introduzcan en ella algunas unidades cuya incomprensión bastaría para comprometerlo todo; y es de prever que tales agrupaciones correrían mucho riesgo de dejarse seducir por la perspectiva de una acción social inmediata, quizás incluso política en el sentido más estrecho de esta palabra, lo que sería efectivamente la más enojosa de todas las eventualidades, y también la más contraria a la meta propuesta. Hay muchos ejemplos de semejantes desviaciones: ¡cuántas asociaciones, que hubieran podido desempeñar un papel muy elevado (si no puramente intelectual, al menos sí lindando con la intelectualidad) si hubieran seguido la línea que se les había trazado en el origen, no han tardado apenas en degenerar así, hasta actuar en modo opuesto a la dirección primera de la que no obstante continúan llevando las marcas, muy visibles aún para quien sabe comprenderlas! Es así como se ha perdido totalmente, desde el siglo XVI, lo que habría podido ser salvado de la herencia dejada por la edad media; y no hablamos de todos los inconvenientes accesorios: ambiciones mezquinas, rivalidades personales y otras causas de disensiones que surgen fatalmente en las agrupaciones así constituidas, sobre todo si se tiene en cuenta, como es menester hacerlo, el individualismo occidental. Todo eso muestra bastante claramente lo que no se debe hacer; se ve quizás menos claramente lo que sería menester hacer, y eso es natural, puesto que, en el punto donde estamos, nadie sabría decir con justeza cómo se constituirá la elite, admitiendo que se constituya alguna vez; se trata probablemente de un porvenir lejano, y nadie debe hacerse ilusiones a este respecto. Sea como sea, diremos que en Oriente las organizaciones más poderosas, las que trabajan verdaderamente en el orden más profundo, no son de ningún modo «sociedades» en el sentido europeo de esta palabra; bajo su influencia, se forman a veces sociedades más o menos exteriores, en vista de una meta precisa y definida, pero esas sociedades, siempre pasajeras, desaparecen desde que han desempeñado la función que les estaba asignada. Así pues, la sociedad exterior no es aquí más que una manifestación accidental de la organización interior preexistente, y ésta, en todo lo que tiene de esencial, es siempre absolutamente independiente de aquélla; la elite no tiene que mezclarse en luchas que, cualquiera que sea su importancia, son forzosamente extrañas a su dominio propio; su función social no puede ser más que indirecta, pero eso la hace más eficaz, ya que, para dirigir verdaderamente lo que se mueve, es menester no ser arrastrado uno mismo en el movimiento[30]. Así pues, eso es exactamente la inversa del plan que seguirían aquellos que querrían formar primero sociedades exteriores; éstas no deben ser más que el efecto, no la causa; no podrían tener utilidad y verdadera razón de ser más que si la elite existiera ya previamente (conformemente al adagio escolástico «para hacer, hay que ser»), y si estuviera organizada con la fuerza suficiente como para impedir con seguridad toda desviación. Es en Oriente sólo donde se pueden encontrar actualmente los ejemplos en los que convendría inspirarse; tenemos muchas razones para pensar que Occidente tuvo también, en la edad media, algunas organizaciones del mismo tipo, pero es al menos dudoso que hayan subsistido rastros suficientes como para que se pueda llegar a hacerse de ellas una idea exacta de otro modo que por analogía con lo que existe en Oriente, analogía basada, por lo demás, no sobre suposiciones gratuitas, sino sobre signos que no engañan cuando se conocen ya ciertas cosas; para conocerlos, es menester dirigirse allí donde es posible encontrarlos al presente, ya que no se trata de curiosidades arqueológicas, sino de un conocimiento que, para ser provechoso, no puede ser más que directo. Esta idea de organizaciones que no revisten la forma de «sociedades», que

---

[30] Se podrá recordar aquí el «motor inmóvil» de Aristóteles; naturalmente, esto es susceptible de aplicaciones múltiples.

no tienen ninguno de los elementos exteriores por los que se caracterizan éstas, y que están constituidas mucho más efectivamente, porque están fundamentadas realmente sobre lo inmutable y no admiten en sí ninguna mezcla de lo transitorio, esta idea, decimos, es completamente extraña a la mentalidad moderna, y hemos podido darnos cuenta en diversas ocasiones de las dificultades que se encuentran para hacerla comprender; quizás encontraremos el medio de volver sobre esto algún día, ya que explicaciones demasiado extensas sobre este tema no entrarían en el cuadro del presente estudio, donde no hacemos alusión al mismo más que incidentalmente y para deshacer un malentendido.

No obstante, no pretendemos cerrar la puerta a ninguna posibilidad, ni sobre este terreno ni sobre ningún otro, ni desanimar ninguna iniciativa, por pocos resultados válidos que pueda producir y en tanto que no resulte en un simple despilfarro de fuerzas; no queremos más que poner en guardia contra opiniones falsas y contra conclusiones demasiado apresuradas. Es evidente que, si algunas personas, en lugar de trabajar aisladamente, prefieren reunirse para constituir una suerte de «grupos de estudios», no es en eso donde veríamos un peligro y ni siquiera un inconveniente, pero a condición de que estén bien persuadidos de que no tienen ninguna necesidad de recurrir a ese formalismo exterior al que la mayoría de nuestros contemporáneos atribuyen tanta importancia, precisamente porque las cosas exteriores lo son todo para ellos. Por lo demás, incluso para formar simplemente «grupos de estudios», si se quisiera hacer en ellos un trabajo serio y proseguirle bastante lejos, serían necesarias muchas precauciones, ya que todo lo que se cumple en este dominio pone en juego potencias insospechadas por el vulgo, y, si se carece de prudencia, uno se expone a extrañas reacciones, al menos en tanto que no se haya alcanzado un cierto grado. Por otra parte, las cuestiones de método, aquí, dependen estrechamente de los principios mismos; es decir, que tienen una importancia mucho más considerable que en cualquier otro dominio, y consecuencias mucho más graves que sobre el terreno científico, donde, sin embargo, están lejos ya de ser desdeñables.

Éste no es el lugar de desarrollar todas estas consideraciones; no exageramos nada, pero, como lo hemos dicho al comienzo, no queremos tampoco disimular las dificultades; la adaptación a tales o a cuales condiciones definidas es siempre extremadamente delicada, y es menester poseer datos teóricos inquebrantables y muy extensos antes de pensar en intentar la menor realización. La adquisición misma de estos datos no es una tarea tan fácil para los occidentales; en todo caso, y nunca insistiremos demasiado en ello, ésta es la tarea por la que es menester comenzar necesariamente, constituye la única preparación indispensable, sin la cual no puede hacerse nada, y de la cual dependen esencialmente todas las realizaciones ulteriores, en cualquier orden que sea.

Hay todavía otro punto sobre el que debemos explicarnos: hemos dicho en otra parte que el apoyo de los orientales no faltaría a la elite intelectual en el cumplimiento de su tarea, porque, naturalmente, siempre serán favorables a un acercamiento que sea lo que debe ser normalmente; pero eso supone una elite occidental ya constituida, y, para su constitución misma, es menester que la iniciativa parta de Occidente. En las condiciones actuales, los representantes autorizados de las tradiciones orientales no pueden interesarse intelectualmente en Occidente; al menos, no pueden interesarse más que en las raras individualidades que vienen a ellos, directa o indirectamente, y que son casos demasiado excepcionales para permitir considerar una acción generalizada. Podemos afirmar esto: ninguna organización oriental establecerá nunca «ramas» en Occidente; más aún, en tanto que las condiciones no hayan cambiado enteramente, no podrá mantener nunca relaciones con ninguna organización occidental, cualquiera que sea, ya que no podría hacerlo más que con la elite constituida conformemente a los verdaderos principios. Por consiguiente, hasta aquí no se les puede pedir a los orientales nada más que inspiraciones, lo que ya es mucho, y estas inspiraciones no pueden ser transmitidas de otro modo que por influencias individuales que sirvan de intermediarias, no por una acción directa de organizaciones que, a menos de trastornos imprevistos, no comprometerán nunca su responsabilidad en los asuntos del mundo occidental, y eso se comprende, ya que esos asuntos, después de todo, no les conciernen; los occidentales son los únicos que se mezclan muy gustosamente en lo que pasa en los demás pueblos. Si nadie en Occidente hace prueba a la vez de la voluntad y de la capacidad de comprender todo lo que es necesario para acercarse verdaderamente a Oriente, éste se guardará de intervenir, sabiendo que eso sería inútil, y, aunque Occidente deba precipitarse en un cataclismo, no podría hacer otra cosa que dejarle abandonado a sí mismo; en efecto, ¿cómo actuar sobre Occidente, suponiendo que se quiera, si no se encuentra en éste el menor punto de apoyo? De todas maneras, lo repetimos todavía, es a los occidentales a quienes pertenece dar los primeros pasos; naturalmente, no se trata de la masa occidental, ni siquiera de un número considerable de individuos, lo que sería quizás más perjudicial que útil en ciertos aspectos; para comenzar, basta con algunos, a condición de que sean capaces de comprender verdadera y profundamente todo lo que se trata. Hay todavía otra cosa: aquellos que se han asimilado directamente a la intelectualidad oriental no pueden pretender desempeñar más que este papel de intermediarios del que hemos hablado hace un momento; debido al hecho de esta asimilación, están demasiado cerca de Oriente como para hacer más; pueden sugerir ideas, exponer concepciones, indicar lo que convendría hacer, pero no tomar por sí mismos la iniciativa de una organización que, viniendo de ellos, no sería verdaderamente occidental. Si hubiera todavía, en Occidente, individualidades, incluso aisladas, que hubieran conservado intacto el depósito de la tradición puramente intelectual que ha debido existir en la edad media, todo se simplificaría mucho; pero es a estas individualidades a quienes corresponde afirmar su existencia y exponer sus credenciales, y, en tanto que no lo hayan hecho, no nos pertenece resolver la cuestión. A falta de esa eventualidad, desdichadamente bastante improbable, es sólo lo que podríamos llamar una asimilación de segundo grado de las doctrinas orientales lo que podría suscitar los primeros elementos de la elite futura; queremos decir que la iniciativa debería venir de individualidades que se habrían desarrollado por la comprehensión de estas doctrinas, pero sin tener lazos demasiado directos con Oriente, y guardando al contrario el contacto con todo lo que todavía puede subsistir de válido en la civilización occidental, y especialmente con los vestigios de espíritu tradicional que han podido mantenerse en ella, a pesar de la mentalidad moderna, principalmente bajo la forma religiosa. Esto no quiere decir que este contacto deba romperse necesariamente con aquellos cuya intelectualidad ha devenido completamente oriental, y eso tanto menos cuanto que, en suma, son esencialmente representantes del espíritu tradicional; pero su situación es demasiado particular como para que no estén obligados a una gran reserva, sobre todo en tanto que no se haga llamada expresamente a su colaboración; deben mantenerse a la expectativa, como los orientales de nacimiento, y todo lo que pueden hacer en mayor grado que estos últimos, es presentar las doctrinas bajo una forma más apropiada a Occidente, y hacer notar las posibilidades de acercamiento que se desprenden de su comprehensión; todavía una vez más, deben contentarse con ser los intermediarios cuya presencia pruebe que toda esperanza de entendimiento no está irremediablemente perdida.

Estas reflexiones no deben tomarse por otra cosa que lo que son, ni deben sacarse de ellas consecuencias que correrían el riesgo de ser muy ajenas a nuestro pensamiento; si hay muchos puntos que quedan imprecisos, es porque no nos es posible hacer otra cosa, y porque solo las circunstancias permitirán después elucidarlos poco a poco. En todo lo que no es pura y estrictamente doctrinal, las contingencias intervienen forzosamente, y es de ellas de donde pueden sacarse los medios secundarios de toda realización que supone una adaptación previa; decimos los medios secundarios, ya que lo único esencial, es menester no olvidarlo, reside en el orden del conocimiento puro (en tanto que conocimiento simplemente teórico, preparación del conocimiento plenamente efectivo, ya que éste no es un medio, sino un fin en sí mismo, en relación al cual toda aplicación no tiene otro carácter que el de un «accidente» que no podría afectarle ni determinarle). Si, en cuestiones como ésta, tenemos el cuidado de no decir demasiado ni demasiado poco, es porque, por una parte, tenemos que hacernos comprender tan claramente como sea posible, y porque, por otra, debemos reservar siempre las posibilidades, actualmente imprevisibles, que las circunstancias pueden hacer aparecer ulteriormente; los elementos que son susceptibles de entrar en juego son de una prodigiosa complejidad, y, en un medio tan inestable como el mundo occidental, no se podría hacer una parte demasiado amplia a ese imprevisto, que no decimos absolutamente imprevisible, pero sobre el que no nos reconocemos el derecho de anticipar nada. Por eso es por lo que las precisiones que se pueden dar son sobre todo negativas, en el sentido de que responden a objeciones, ya sean formuladas efectivamente, o ya sean consideradas sólo como posibles, o de que descartan errores, malentendidos, formas diversas de la incomprehensión, a medida que se tiene la ocasión de constatarlos; pero, al proceder así por eliminación, se aclara la cuestión, lo que, en definitiva, es ya un resultado apreciable y, cualesquiera que sean las apariencias, verdaderamente positivo. Sabemos bien que la impaciencia occidental se acomoda difícilmente a semejantes métodos, y que estaría más bien dispuesta a sacrificar la seguridad en provecho de la prontitud; pero no vamos a tener en cuenta estas exigencias, que no permiten edificar nada estable, y que son completamente contrarias a la meta que consideramos. Aquellos que no son siquiera capaces de refrenar su impaciencia serían menos capaces aún de llevar a buen término el menor trabajo de orden metafísico; que intenten simplemente, a título de ejercicio preliminar que no les compromete a nada, concentrar su atención sobre una idea única, cualquiera que sea por lo demás, durante medio minuto (no parece que sea exigir demasiado), y verán si nos equivocamos al poner en duda sus aptitudes[31].

Por consiguiente, no agregaremos nada más sobre los medios por los cuales podría llegar a constituirse en Occidente una elite intelectual; admitiendo incluso las circunstancias más favorables, esa constitución está lejos de aparecer como inmediatamente posible, lo que no quiere decir que no sea menester pensar en prepararla desde ahora. En cuanto al papel que se le asignará a esta elite, se desprende bastante claramente de todo lo que se ha dicho hasta aquí: es esencialmente el retorno de Occidente a una civilización tradicional, en sus principios y en todo el conjunto de sus instituciones. Este retorno deberá efectuarse por orden, yendo desde los principios a las consecuencias, y descendiendo por grados hasta las aplicaciones más contingentes; y no podrá hacerse más que utilizando a la vez los datos orientales y lo que

---

[31] Registramos aquí la confesión muy explícita de Max Müller: «la concentración del pensamiento, llamada por los hindúes *êkâgratâ* (o *êkâgrya*), es algo que nos es casi desconocido. Nuestros espíritus son como caleidoscopios de pensamientos en movimiento constante; y cerrar nuestros ojos mentales a cualquier otra cosa, para fijarnos sobre un pensamiento sólo, ha devenido para la mayoría de nosotros casi tan imposible, como aprehender una nota musical sin sus armónicos. Con la vida que llevamos hoy día... ha devenido imposible, o casi imposible, llegar nunca a esa intensidad de pensamiento que los hindúes designaban por *êkâgratâ*, y cuya obtención era para ellos la condición indispensable de toda especulación filosófica y religiosa» (*Preface to the Sacred Books of the East*, pp. XXIII-XXIV). No se podría caracterizar mejor la dispersión del espíritu occidental, y no tenemos más que dos rectificaciones que hacer a este texto: lo que concierne a los hindúes debe ser puesto en presente tanto como en pasado, ya que para ellos es siempre así, y no es de «especulación filosófica y religiosa» de lo que se trata, sino de «especulación metafísica» exclusivamente.

queda de los elementos tradicionales en Occidente mismo, los unos completando a los otros y superponiéndose a ellos sin modificarlos en sí mismos, sino dándoles, con el sentido más profundo del que sean susceptibles, toda la plenitud de su propia razón de ser. Es menester, ya lo hemos dicho, atenerse primero al punto de vista puramente intelectual, y, por una repercusión completamente natural, las consecuencias se extenderán seguidamente, y más o menos rápidamente, a todos los demás dominios, comprendido el de las aplicaciones sociales; si, por otra parte, ya se ha llevado a cabo algún trabajo válido en esos otros dominios, evidentemente no habrá más que felicitarse por ello, pero no es a eso a lo que conviene dedicarse en primer lugar, ya que eso sería dar a lo accesorio la preeminencia sobre lo esencial.

Mientras no se haya llegado al momento requerido, las consideraciones que se refieren a los puntos de vista secundarios no deberán intervenir apenas sino a título de ejemplos, o más bien de «ilustraciones»; en efecto, si se presentan a propósito y bajo una forma apropiada, pueden tener la ventaja de facilitar la comprehensión de verdades más esenciales al proporcionar para ello una suerte de punto de apoyo, y también de despertar la atención de gentes que, por una apreciación errónea de sus propias facultades, se creerían incapaces de alcanzar la pura intelectualidad, sin saber lo que es; recuérdese lo que hemos dicho más atrás sobre esos medios inesperados que pueden determinar ocasionalmente un desarrollo intelectual en sus comienzos. Es necesario marcar de una manera absoluta la distinción de lo esencial y lo accidental; pero, establecida esta distinción, no queremos asignar ninguna delimitación restrictiva al papel de la elite, en la que, cada uno podrá encontrar siempre donde emplear sus facultades especiales como por añadidura y sin que sea en modo alguno en detrimento de lo esencial. En suma, la elite trabajará primero para sí misma, puesto que, naturalmente, sus miembros recogerán de su propio desarrollo un beneficio inmediato y que no podría faltar, beneficio que constituye una adquisición permanente e inalienable; pero, al mismo tiempo y por eso mismo, aunque menos inmediatamente, trabajará también necesariamente para Occidente en general, ya que es imposible que una elaboración como la que aquí se trata se efectúe en un medio cualquiera sin producir en él más pronto o más tarde modificaciones considerables. Además, las corrientes mentales están sometidas a leyes perfectamente definidas, y el conocimiento de esas leyes permite una acción mucho más eficaz que el uso de medios solamente empíricos; pero aquí, para llegar a su aplicación y realizarla en toda su amplitud, es menester poder apoyarse sobre una organización fuertemente constituida, lo que no quiere decir que resultados parciales, ya apreciables, no puedan ser obtenidos antes de que se haya llegado a ese punto. Por defectuosos y por incompletos que sean los medios de que se dispone, es menester no obstante comenzar por ponerlos en obra tal como son, sin lo cual no se llegará nunca a adquirir otros más perfectos; y agregaremos que la menor cosa cumplida en conformidad armónica con el orden de los principios lleva virtualmente en sí misma posibilidades cuya expansión es capaz de determinar las más prodigiosas consecuencias, y eso en todos los dominios, a medida que sus repercusiones se extienden en ellos según su repartición jerárquica y por vía de progresión indefinida[32].

Naturalmente, al hablar del papel de la elite, suponemos que nada vendrá a interrumpir bruscamente su acción, es decir, que nos colocamos en la hipótesis más favorable; podría ser también, ya que hay discontinuidades en los acontecimientos históricos, que la civilización occidental venga a zozobrar en algún cataclismo antes de que se cumpla esta acción. Si semejante cosa se produjera antes incluso de que la elite se haya constituido plenamente, los resultados del trabajo anterior se limitarían evidentemente a los beneficios intelectuales que habrían recogido aquellos que hubieran tomado parte en él; pero, por sí mismos, estos beneficios son algo inapreciable, y así, aunque no deba haber nada más, aún valdría la pena emprender este trabajo; sus frutos permanecerían entonces reservados a unos pocos, pero esos, por su propia cuenta, habrían obtenido lo esencial. Si la elite, aún estando ya constituida, no tuviera el tiempo de ejercer una acción suficientemente generalizada como para modificar profundamente la mentalidad occidental en su conjunto, habría algo más: esta elite sería verdaderamente, durante el periodo de trastorno y de agitación, el «arca» simbólica que flota sobre las

---

[32] Hacemos alusión a una teoría metafísica extremadamente importante, a la que damos el nombre de «teoría del gesto», y que expondremos quizás un día en un estudio particular. La palabra «progresión» se toma aquí en una acepción que es una transposición analógica de su sentido matemático, transposición que la hace aplicable en lo universal, y no ya solo en el dominio de la cantidad. — Ver también, a este propósito lo que hemos dicho en otra parte del *apûrva* y de las «acciones y reacciones concordantes»: *Introducción general al estudio de las doctrinas hindúes*, 3ª parte, cap. XIII.

aguas del diluvio, y, a continuación, podría servir de punto de apoyo a una acción por la que Occidente, aunque perdiendo probablemente su existencia autónoma, recibiría no obstante, de otras civilizaciones subsistentes, los principios de un nuevo desarrollo, esta vez regular y normal. Pero, en este segundo caso, habría que considerar también, al menos transitoriamente, enojosas eventualidades: las revoluciones étnicas a las que ya hemos hecho alusión serían ciertamente muy graves; además, sería muy preferible para Occidente, en lugar de ser absorbido pura y simplemente, poder transformarse para adquirir una civilización comparable a las de Oriente, pero adaptada a sus condiciones propias, transformación que le dispensaría, en cuanto a su masa, de asimilar más o menos penosamente formas tradicionales que no han sido hechas para él. Esta transformación, que se operaría sin choques y como espontáneamente, para restituir a Occidente una civilización tradicional apropiada, es lo que acabamos de llamar la hipótesis más favorable; tal sería la obra de la elite, con el apoyo de los detentadores de las tradiciones orientales, sin duda, pero con una iniciativa occidental como punto de partida; y se debe comprender ahora que esta última condición, incluso si no fuera tan rigurosamente indispensable como lo es efectivamente, por ello no aportaría menos una ventaja considerable, en el sentido de que eso es precisamente lo que permitiría a Occidente conservar su autonomía e incluso guardar, para su desarrollo futuro, los elementos válidos que puede haber adquirido, a pesar de todo, en su civilización actual. En fin, si esta hipótesis tuviera el tiempo de realizarse, evitaría la catástrofe que considerábamos en primer lugar, puesto que la civilización occidental, devenida nuevamente normal, encontraría su sitio legítimo entre todas las demás, y ya no sería, como lo es hoy día, una amenaza para el resto de la humanidad, un factor de desequilibrio y de opresión en el mundo. En todo caso, es menester hacer como si la meta que indicamos aquí debiera ser alcanzada, puesto que, incluso si las circunstancias no permiten que lo sea, nada de lo que se haya cumplido en el sentido que debe conducir a ella se perderá; y la consideración de esta meta puede proporcionar, a aquellos que son capaces de formar parte de la elite, un motivo para aplicar sus esfuerzos a la comprehensión de la pura intelectualidad, motivo que no habrá que desdeñar mientras no hayan tomado enteramente consciencia de algo menos contingente, queremos decir, de lo que la intelectualidad vale en sí misma, independientemente de los resultados que puede producir por añadidura en los órdenes más o menos exteriores.

Así pues, la consideración de esos resultados, por secundarios que sean, puede ser al menos un «aliciente», y no podría ser un obstáculo si se tiene el cuidado de ponerla exactamente en su lugar y de observar en todo las jerarquías necesarias, de manera que no se pierda nunca de vista lo esencial ni se sacrifique a lo accidental; ya nos hemos explicado sobre esto suficientemente como para justificar, a los ojos de aquellos que comprenden estas cosas, el punto de vista que adoptamos al presente, y que, si no corresponde a todo nuestro pensamiento (y no puede hacerlo, desde que las consideraciones puramente doctrinales y especulativas están para nosotros por encima de todas las demás), representa no obstante una parte muy real de él.

Aquí no pretendemos considerar más que posibilidades muy lejanas según toda verosimilitud, pero que no por ello son menos posibilidades, y que, solo por esto, merecen ser tomadas en consideración; y el hecho mismo de considerarlas puede contribuir ya, en una cierta medida, a acercar su realización. Por lo demás, en un medio esencialmente cambiante como el Occidente moderno, los acontecimientos pueden, bajo la acción de circunstancias cualesquiera, desarrollarse con una rapidez que rebase en mucho todas las previsiones; por consiguiente, nunca sería demasiado pronto para prepararse para hacerles frente, y vale más anticiparse que dejarse sorprender por lo irreparable. Sin duda, no nos hacemos ilusiones sobre las posibilidades que tienen las advertencias de este género de ser escuchadas por la mayoría de nuestros contemporáneos; pero, como ya lo hemos dicho, la elite intelectual no tendría necesidad de ser muy numerosa, al comienzo sobre todo, para que su influencia pueda ejercerse de una manera muy efectiva, incluso sobre aquellos que no sospecharan de ninguna manera su existencia o que no tuvieran la menor idea del alcance de sus trabajos. Es aquí donde uno podría darse cuenta de la inutilidad de esos «secretos» a los que hacíamos alusión más atrás: hay acciones que, por su naturaleza misma, permanecen perfectamente ignoradas por el vulgo, no porque se oculten de él, sino porque es incapaz de comprenderlas. La elite no tendría que hacer conocer públicamente los medios de su acción, sobre todo porque eso sería inútil, y porque, aunque lo quisiera, no podría explicarlos en un lenguaje inteligible para el gran número; sabría de antemano que eso sería un trabajo perdido, y que las fuerzas que le dispensara podrían recibir un empleo mucho mejor. Por lo demás, no contestamos el peligro o la inoportunidad de ciertas divulgaciones: hay muchas gentes que podrían sentirse tentados, si se les indicaran los medios para ello, a intentar realizaciones a las que nada les habría preparado, únicamente «para ver», sin conocer su verdadera razón de ser y sin saber dónde podrían conducirles; y esto no sería más que una causa suplementaria de desequilibrio, que no conviene agregar a todas las que perturban hoy día la mentalidad occidental y que la perturbarán sin duda mucho tiempo todavía, y que sería incluso tanto más temible cuanto que se trata de cosas de una naturaleza más profunda; pero todos aquellos que poseen ciertos conocimientos están, por eso mismo, plenamente cualificados para apreciar semejantes peligros, y siempre sabrán comportarse en consecuencia sin estar ligados por otras obligaciones que las que implica naturalmente el grado de desarrollo intelectual al que han llegado. Por lo demás, es menester comenzar necesariamente por la preparación teórica, la única esencial y verdaderamente indispensable, y la teoría puede ser expuesta siempre sin reservas, o al menos bajo la única reserva de lo que es propiamente inexpresable e incomunicable; es incumbencia de cada uno comprender en la medida de sus posibilidades, y, en cuanto a aquellos que no comprenden, si no sacan ninguna ventaja, tampoco sienten ningún inconveniente y permanecen simplemente tal como estaban anteriormente. Quizás cause sorpresa que insistamos tanto sobre cosas que, en suma, son extremadamente simples y que no deberían plantear ninguna dificultad; pero la experiencia nos ha mostrado que no se podrían tomar demasiadas precauciones a este respecto, y, sobre algunos puntos, preferimos mejor un exceso de explicaciones que correr el riesgo de ver nuestro pensamiento mal interpretado; las precisiones que tenemos que aportar todavía proceden en gran parte de la misma preocupación, y, como responden a una incomprehensión que hemos constatado efectivamente en varias circunstancias, probaran suficientemente que nuestro temor a los malentendidos no tiene nada de exagerado.

Capítulo IV

Entendimiento y no fusión

Todas las civilizaciones orientales, a pesar de la gran diferencia de las formas que revisten, son comparables entre sí, porque tienen un carácter esencialmente tradicional; cada tradición tiene su expresión y sus modalidades propias, pero por todas partes donde hay tradición, en el sentido verdadero y profundo de esta palabra, hay necesariamente acuerdo sobre los principios. Las diferencias residen únicamente en las formas exteriores, en las aplicaciones contingentes, que están condicionadas naturalmente por las circunstancias, especialmente por los caracteres étnicos, y que, para una civilización dada, pueden variar incluso dentro de ciertos límites, puesto que ese es el dominio que se deja a la adaptación. Pero, allí donde ya no subsisten más que formas exteriores, que no traducen nada de un orden más profundo, ya no puede haber apenas más que diferencias en relación a las demás civilizaciones; ya no hay acuerdo posible, puesto que ya no hay principios; y es por esto por lo que la falta de vinculamiento efectivo a una tradición se nos aparece como la raíz misma de la desviación occidental. Así pues, declaramos formalmente que la meta esencial que la elite intelectual, si llega a constituirse algún día, deberá asignar a su actividad, es el retorno de Occidente a una civilización tradicional; y agregamos que, si ha habido alguna vez un desarrollo propiamente occidental en este sentido, es la edad media la que nos ofrece el ejemplo de ello, de suerte que, en suma, no se trataría de copiar o de reconstituir pura y simplemente lo que existió en aquella época (cosa manifiestamente imposible, ya que, pretendan lo que pretendan algunos, la historia no se repite, y no hay en el mundo más que cosas análogas, pero no cosas idénticas), sino de inspirarse en ella para la adaptación necesitada por las circunstancias. Esto es, textualmente, lo que siempre hemos dicho, y es con esta intención como lo reproducimos en los mismos términos de los que ya nos hemos servido[33]; eso nos parece bastante claro como para no dejar lugar a ningún equívoco. No obstante, hay algunos que se han equivocado de la manera más singular, y que han creído poder atribuirnos las intenciones más fantasiosas, por ejemplo la de querer restaurar algo comparable al «sincretismo» alejandrino; volveremos sobre ello dentro de un momento, pero precisaremos primero que, cuando hablamos de la edad media, tenemos en vista sobre todo el periodo que se extiende desde el reinado de Carlomagno hasta comienzos del siglo XIV; ¡eso está bastante lejos de Alejandría! Es verdaderamente curioso que, cuando afirmamos la unidad fundamental de todas las doctrinas tradicionales, se pueda deducir que de lo que se trata es de operar una «fusión» entre tradiciones diferentes, y que no se caiga en la cuenta de que el acuerdo sobre los principios no supone de ninguna manera la uniformidad; ¿no vendrá eso también de ese defecto tan occidental que es la incapacidad de ir más allá de las apariencias exteriores? Sea como sea, no nos parece inútil volver

---

[33] *Introducción general al estudio de las doctrinas hindúes*. Conclusión.

sobre esta cuestión e insistir más en ella, de modo que nuestras intenciones no sean más desnaturalizadas de esta manera; y, por lo demás, incluso al margen de esa consideración, la cosa no carece de interés.

En razón de la universalidad de los principios, como ya lo hemos dicho, todas las doctrinas tradicionales son de esencia idéntica; no hay ni puede haber más que una metafísica, cualesquiera que sean las diversas maneras en que se exprese, en la medida en que es expresable, según el lenguaje que se tiene a disposición, y que, por lo demás, no tiene nunca más que un papel de símbolo; y, si esto es así, es simplemente porque la verdad es una, y porque, siendo en sí misma absolutamente independiente de nuestras concepciones, se impone igualmente a todos aquellos que la comprenden. Por consiguiente, dos tradiciones verdaderas no pueden oponerse en ningún caso como contradictorias; si hay doctrinas que son incompletas (sea que lo hayan sido siempre o que se haya perdido una parte de ellas) y que van más o menos lejos, por eso no es menos cierto que, hasta el punto donde se detienen esas doctrinas, el acuerdo con las demás subsiste, aunque sus representantes actuales no tengan ya consciencia de ello; para todo lo que está más allá, no podría tratarse ni de acuerdo ni de desacuerdo, pero únicamente el espíritu de sistema podría contestar la existencia de ese «más allá», y, salvo esta negación partidista que se parece mucho a las que son habituales en el espíritu moderno, todo lo que puede hacer la doctrina que está incompleta, es reconocerse incompetente al respecto de lo que la rebasa. En todo caso, si se encontrara una contradicción aparente entre dos tradiciones, sería menester concluir de ello, no que una es verdadera y que la otra es falsa, sino que hay al menos una que no se comprende más que imperfectamente; y, al examinar las cosas más de cerca, se caería en la cuenta de que había efectivamente uno de esos errores de interpretación a los que las diferencias de expresión pueden dar lugar muy fácilmente cuando no se está suficientemente habituado. En cuanto a nosotros, debemos decir que, de hecho, no encontramos tales contradicciones, mientras que, por el contrario, vemos aparecer muy claramente, bajo las formas más diversas, la unidad doctrinal esencial; lo que nos sorprende, es que aquellos que plantean en principio la existencia de una «tradición primordial» única, común a toda la humanidad en sus orígenes, no vean las consecuencias que están implícitas en esta afirmación o que no sepan sacarlas, y que a veces se obstinen tanto como los demás en descubrir oposiciones que son puramente imaginarias. No hablamos, bien entendido, más que de las doctrinas puramente tradicionales, «ortodoxas» si se quiere; y hay medios para reconocer, sin ningún error posible, estas doctrinas entre todas las demás, como los hay también para determinar el grado exacto de comprehensión al que corresponde una doctrina cualquiera; pero no es de eso de lo que se trata al presente. Para resumir nuestro pensamiento en algunas palabras, podemos decir esto: toda verdad es excluyente del error, no de otra verdad (o, para expresarnos mejor, de otro aspecto de la verdad); y, lo repetimos, todo otro exclusivismo que no sea éste no es más que espíritu de sistema, incompatible con la comprehensión de los principios universales.

El acuerdo, que descansa esencialmente sobre los principios, no puede ser verdaderamente consciente más que para las doctrinas que encierran al menos una parte de metafísica o de intelectualidad pura; no lo es para aquellas que están limitadas estrictamente a una forma particular, como por ejemplo, a la forma religiosa. No obstante, este acuerdo no existe menos realmente en parecido caso, en el sentido de que las verdades teológicas pueden ser consideradas como una traducción, a un punto de vista especial, de algunas verdades metafísicas; pero, para hacer aparecer este acuerdo, es menester efectuar entonces la transposición que restituya a esas verdades su sentido más profundo, y el metafísico es el único que puede hacerlo, porque se coloca más allá de todas las formas particulares y de todos los puntos de vista especiales. La metafísica y la religión no están y no estarán nunca sobre el mismo plano; de eso resulta que una doctrina puramente metafísica y una doctrina religiosa no pueden ni hacerse la competencia ni entrar en conflicto, puesto que sus dominios son claramente diferentes. Pero, por otra parte, de eso resulta también que la existencia de una doctrina únicamente religiosa es insuficiente para permitir establecer un entendimiento profundo como el que tenemos en vista cuando hablamos del acercamiento intelectual de Oriente y de Occidente; es por esto por lo que hemos insistido sobre la necesidad de cumplir en primer lugar un trabajo de orden metafísico, y en que sólo después de esto, la tradición religiosa de Occidente, revivificada y restaurada en su plenitud, podría devenir utilizable para este fin, gracias a la adición del elemento interior que le falta actualmente, pero que puede venir muy bien a superponerse a ella sin que se cambie nada exteriormente. Si es posible un entendimiento entre los representantes de las diferentes tradiciones, y sabemos que nada se opone a ello en principio, este entendimiento no podrá hacerse más que por arriba, de tal manera que cada tradición guardará siempre su entera independencia con las formas que le son propias; y la masa, aunque participe en los beneficios de este entendimiento, no tendrá directamente consciencia de él, ya que se trata de algo que no concierne más que a la elite, e incluso a «la elite de la elite», según la expresión que emplean algunas escuelas islámicas.

Se ve cuán lejos está todo esto de algunos proyectos de «fusión» que consideramos como perfectamente irrealizables: una tradición no es una cosa que pueda inventarse o crearse artificialmente; juntando sin ton ni son elementos sacados de doctrinas diversas, no se constituirá nunca más que una pseudotradición sin valor y sin alcance, y éstas son fantasías que conviene dejar a los ocultistas y a los teosofistas; para actuar así, es menester ignorar lo que es verdaderamente una tradición, y no comprender el sentido real y profundo de esos elementos que se esfuerzan en asociar en un conjunto más o menos incoherente. Todo eso, en suma, no es más que una suerte de «eclecticismo», y no hay nada a lo que nos opongamos más resueltamente, precisamente porque vemos el acuerdo profundo bajo la diversidad de las formas, y porque vemos también, al mismo tiempo, la razón de ser de estas formas múltiples en la variedad de las condiciones a las que deben ser adaptadas. Si el estudio de las diferentes doctrinas tradicionales tiene una importancia tan grande, es porque permite constatar esta concordancia que afirmamos aquí; pero no podría tratarse de sacar de este estudio una doctrina nueva, lo que, lejos de estar en conformidad con el espíritu tradicional, le sería absolutamente contrario. Sin duda, cuando faltan los elementos de un cierto orden, como es el caso en el Occidente actual para todo lo que es puramente metafísica, es menester buscarlos en otra parte, es decir, allí donde se encuentran; pero es menester no olvidar que la metafísica es esencialmente universal, de suerte que no es la misma cosa que si se tratara de elementos que se refieren a un orden particular.

Además, la expresión oriental no habría podido ser asimilada nunca más que por la elite, que seguidamente debería hacer obra de adaptación; y el conocimiento de las doctrinas de Oriente permitiría, por un empleo juicioso de la analogía, restaurar la tradición occidental misma en su integralidad, de la misma manera que puede permitir comprender las civilizaciones desaparecidas: estos dos casos son completamente comparables, puesto que es menester admitir que, en su mayor parte, la tradición occidental está perdida en la actualidad.

Allí donde consideramos una síntesis de orden transcendente como el único punto de partida posible de todas las realizaciones ulteriores, algunos se imaginan que no puede tratarse más que de un «sincretismo» más o menos confuso; sin embargo, se trata de cosas que no tienen nada en común, que no tienen la menor relación entre sí. Así mismo, hay quienes no pueden oír pronunciar la palabra «esoterismo» (de la que se convendrá que no abusamos) sin pensar inmediatamente en el ocultismo o en otras cosas del mismo género, en las que no hay ningún rastro de verdadero esoterismo; es increíble que las pretensiones más injustificadas sean admitidas tan fácilmente por aquellos mismos que deberían tener el mayor interés en refutarlas; el único medio de combatir el ocultismo es mostrar que no tiene nada de serio, que no es más que una invención completamente moderna, y que el esoterismo, en el verdadero sentido de esta palabra, es algo muy diferente en realidad. Hay también quienes, por otra confusión, creen poder traducir «esoterismo» por «gnosticismo»; aquí, se trata de concepciones auténticamente más antiguas, pero la interpretación no es por eso más exacta ni más justa. Es bastante difícil saber hoy día de una manera precisa lo que fueron las doctrinas, bastante variadas, que son reunidas bajo esa denominación genérica de «gnosticismo», y entre las cuales habría que hacer sin duda muchas distinciones; pero, en su conjunto, parece que hubo allí ideas orientales más o menos desfiguradas, probablemente mal comprendidas por los griegos, y revestidas de formas imaginativas que no son apenas compatibles con la pura intelectualidad; se pueden encontrar ciertamente sin mucho esfuerzo cosas más dignas de interés, menos mezcladas de elementos heteróclitos, de un valor mucho menos dudoso y de una significación mucho más segura. Esto nos lleva a decir algunas palabras en lo que concierne al periodo alejandrino en general: que los griegos se hayan encontrado entonces en contacto bastante directo con Oriente, y que su espíritu se haya abierto así a concepciones a las que estaba cerrado hasta ese momento, eso no nos parece contestable; pero, desafortunadamente, el resultado parece haber permanecido mucho más cerca del «sincretismo» que de la verdadera síntesis. No querríamos menospreciar más de lo debido doctrinas como las de los neoplatónicos, que son, en todo caso, incomparablemente superiores a todas las producciones de la filosofía moderna; pero, en fin, vale más remontar directamente a la fuente oriental que pasar por intermediarios de cualquier tipo, y, además, eso tiene la ventaja de ser mucho más fácil, puesto que las civilizaciones orientales existen todavía, mientras que la civilización griega realmente no ha tenido continuadores. Cuando se conocen las doctrinas orientales, uno puede servirse de ellas para comprender mejor las de los neoplatónicos, e incluso ideas más puramente griegas que esas, ya que, a pesar de diferencias considerables, Occidente estaba entonces mucho más cerca de Oriente de lo que lo está hoy día; pero no sería posible hacer lo inverso, y, al querer abordar Oriente por Grecia, uno se expondría a muchos errores. Por lo demás, para suplir lo que le falta a Occidente, uno no puede dirigirse más que a lo que ha conservado una existencia efectiva; no se trata de hacer arqueología, y las cosas que consideramos aquí no tienen nada que ver con entretenimientos de eruditos; si el conocimiento de la antigüedad puede jugar un papel en esto, no es más que en la medida en que ayude a comprender verdaderamente algunas ideas, y en que aporte también la confirmación de esa unidad doctrinal donde se encuentran todas las civilizaciones, a excepción únicamente de la civilización moderna, que, al no tener ni doctrina ni principios, está fuera de las vías normales de la humanidad.

Si no se puede admitir ninguna tentativa de fusión entre doctrinas diferentes, tampoco puede plantearse la sustitución de una tradición por otra; no sólo la multiplicidad de las formas tradicionales no tiene ningún inconveniente, sino que tiene al contrario ventajas muy ciertas; aunque estas formas son plenamente equivalentes en el fondo, cada una de ellas tiene su razón de ser, aunque sólo sea porque es más apropiada que toda otra a las condiciones de un medio dado. La tendencia a uniformizarlo todo procede, como ya lo hemos dicho, de los prejuicios igualitarios: así pues, querer aplicarla aquí, sería hacer al espíritu moderno una concesión que, incluso involuntaria, por eso no sería menos real, y que no podría tener más que consecuencias deplorables. Solo si Occidente se mostrara definitivamente impotente para volver a una civilización normal podría serle impuesta una tradición extraña; pero entonces no habría fusión, puesto que ya no subsistiría nada de específicamente occidental; y tampoco habría sustitución, ya que, para llegar a tal extremo, sería menester que Occidente hubiera perdido hasta los últimos vestigios del espíritu tradicional, a excepción de una pequeña elite sin la cual, al no poder recibir siquiera esa tradición extraña, se hundiría inevitablemente en la peor barbarie. Pero, lo repetimos, todavía es permisible esperar que las cosas no llegarán hasta ese punto, que la elite podrá constituirse plenamente y cumplir su función hasta el fin, de tal manera que Occidente no sólo sea salvado del caos y de la disolución, sino que recupere también los principios y los medios de un desarrollo que le sea propio, y que esté en armonía con el de las demás civilizaciones.

En cuanto al papel de Oriente en todo eso, hemos de resumirlo todavía, para mayor claridad, de una manera tan precisa como sea posible; y, bajo este aspecto, podemos distinguir también el periodo de constitución de la elite y su periodo de acción efectiva. En el primero, es por el estudio de las doctrinas orientales, más que por cualquier otro medio, como aquellos que sean llamados a formar parte de esta elite podrán adquirir y desarrollar en sí mismos la pura intelectualidad, puesto que no podrían encontrarla en Occidente; y sólo de esta manera igualmente podrán aprender lo que es, en sus diversos elementos, una civilización tradicional, ya que un conocimiento tan directo como sea posible es el único válido en parecido caso, a exclusión de todo saber simplemente «libresco», que, por sí mismo, no es utilizable para la meta que consideramos. Así como ya lo hemos explicado, para que el estudio de las doctrinas orientales sea lo que debe ser, es necesario que algunas individualidades sirvan de intermediarios entre los detentadores de estas doctrinas y la elite occidental en formación; por eso es por lo que hablamos, para esta última, sólo de un conocimiento tan directo como sea posible, y no absolutamente directo, para comenzar al menos. Pero a continuación, cuando se haya cumplido un primer trabajo de asimilación, nada se opondría a que la elite misma (puesto que es de ella de donde debería venir la iniciativa) haga llamada, de una manera más inmediata, a los representantes de las tradiciones orientales; y éstos, al encontrarse interesados en la suerte de Occidente por la presencia misma de esta elite, no dejarían de responder a esta llamada, ya que la única condición que exigen, es la comprehensión (y, por lo demás, esta condición única es impuesta por la fuerza de las cosas); podemos afirmar que no hemos visto nunca a ningún oriental persistir en encerrarse en su reserva habitual cuando se encuentra frente a alguien al que juzga susceptible de comprenderle. Es en el segundo periodo cuando el apoyo de los orientales podría manifestarse así efectivamente; hemos dicho por qué eso supondría la elite ya constituida, es decir, en suma, una organización occidental capaz de entrar en relaciones con las organizaciones orientales que trabajan en el orden intelectual puro, y de recibir de éstas, para su acción, la ayuda que pueden procurar fuerzas acumuladas desde un tiempo inmemorial. En parecido caso, los orientales, serán siempre, para los occidentales, guías y «hermanos mayores»; pero Occidente, sin pretender tratar con ellos de igual a igual, por eso no merecerá menos que se le considere como una potencia autónoma, desde que posea una tal organización; y la repugnancia profunda de los orientales para todo lo que suena a proselitismo será una garantía suficiente para su independencia. Los orientales no tienen ningún interés en asimilar a Occidente, y siempre preferirán mucho más favorecer un desarrollo occidental conforme a los principios, por poca posibilidad que vean de ello; esta posibilidad, tienen que mostrarla precisamente aquellos que formarán parte de la elite, probando con su propio ejemplo que la decadencia intelectual de Occidente no es irremediable. Así pues, no se trata de imponer a

Occidente una tradición oriental, cuyas formas no corresponden a su mentalidad, sino de restaurar una tradición occidental con la ayuda de Oriente: ayuda indirecta primero, directa después, o, si se quiere, inspiración en el primer periodo, y apoyo efectivo en el segundo. Pero lo que no es posible para la generalidad de los occidentales debe serlo para la elite: para que ésta pueda realizar las adaptaciones necesarias, es menester primero que haya penetrado y comprendido las formas tradicionales que existen en otras partes; es menester también que vaya más allá de todas las formas, cualesquiera que sean, para aprehender lo que constituye la esencia de toda tradición. Y es por eso por lo que, cuando Occidente esté de nuevo en posesión de una civilización regular y tradicional, el papel de la elite deberá proseguirse aún: será entonces aquello por lo que la civilización occidental comunicará de una manera permanente con las demás civilizaciones, ya que una tal comunicación no puede establecerse y mantenerse más que por lo que hay de más elevado en cada una de ellas; para no ser simplemente accidental, supone la presencia de hombres que estén, en lo que les concierne, liberados de toda forma particular, que tengan la plena consciencia de lo que hay detrás de las formas, y que, colocándose en el dominio de los principios más transcendentes, puedan participar indistintamente en todas las tradiciones. En otros términos, es menester que Occidente llegue finalmente a tener representantes en lo que se designa simbólicamente como el «centro del mundo» o por cualquier otra expresión equivalente (lo que no debe entenderse literalmente como indicando un lugar determinado, cualquiera que pueda ser); pero, aquí, se trata de cosas demasiado lejanas, demasiado inaccesibles al presente y sin duda por mucho tiempo todavía, como para que pueda ser verdaderamente útil insistir en ello.

Ahora bien, puesto que para despertar la intelectualidad occidental, es menester comenzar por el estudio de las doctrinas de Oriente (y hablamos de un estudio verdadero y profundo, con todo lo que éste conlleva en cuanto al desarrollo personal de aquellos que se entreguen a él, y no de un estudio exterior y superficial a la manera de los orientalistas), debemos indicar los motivos por los que conviene, de una manera general, dirigirse a tales de esas doctrinas preferentemente a todas las demás. En efecto, uno podría preguntarse por qué tomamos como punto de apoyo principal a la India antes que a la China, o también porque no consideramos como más ventajoso basarnos sobre lo que está más cerca de Occidente, es decir, sobre el lado esotérico de la doctrina islámica. Por lo demás, nos limitaremos a considerar estas tres grandes divisiones de Oriente; todo lo demás es, o de menor importancia, o, como las doctrinas tibetanas, tan ignorado por los europeos que sería muy difícil hablarles de ello de una manera inteligible antes de que hayan comprendido cosas menos totalmente extrañas a su manera habitual de pensar. En lo que concierne a la China, hay razones similares para no dedicarse a ella en primer lugar: las formas por las que se expresan sus doctrinas están verdaderamente muy lejos de la mentalidad occidental, y los métodos de enseñanza que allí se usan son como para desalentar prontamente a los mejor dotados de los europeos; bien poco numerosos serían aquellos que podrían resistir un trabajo emprendido según semejantes métodos, y, si hay que considerar ciertamente en todo caso una selección muy rigurosa, es menester no obstante evitar tanto como sea posible las dificultades que no dependan más que de las contingencias, y que provengan más bien del temperamento inherente a la raza que de una falta real de facultades intelectuales. Las formas de expresión de las doctrinas hindúes, aunque son también extremadamente diferentes de todas aquellas a las que está habituado el pensamiento occidental, son relativamente más asimilables, y reservan además amplias posibilidades de adaptación; para lo que se trata, podríamos decir que, puesto que la India ocupa una posición media en el conjunto oriental, no está ni demasiado lejos ni demasiado cerca de Occidente. En efecto, si nos basáramos sobre aquello que está más cerca, habría también inconvenientes que, no por ser de un orden diferente de los que señalábamos hace un momento, serían menos graves; y quizás no habría muchas ventajas reales para compensarlos, ya que la civilización islámica es casi tan mal conocida por los occidentales como las civilizaciones más orientales, y sobre todo su parte metafísica, que es la que nos interesa aquí, se les escapa enteramente. Es cierto que esta civilización islámica, con sus dos aspectos esotérico y exotérico, y con la forma religiosa que reviste este último, es la que más se parece a lo que sería una civilización tradicional occidental; pero la presencia misma de esta forma religiosa, por la que el Islam se relaciona en cierto modo con Occidente, corre el riesgo de despertar algunas susceptibilidades que, por poco justificadas que sean en el fondo, no carecerían de peligro: aquellos que son incapaces de distinguir entre los diferentes dominios creerían falsamente en una concurrencia sobre el terreno religioso; y hay ciertamente, en la masa occidental (en la que comprendemos a la mayoría de los pseudointelectuales), mucho más odio al respecto de todo lo que es islámico que en lo que concierne al resto de Oriente. El miedo participa en buena medida en los móviles de ese odio, y este estado de espíritu no se debe más que a la incomprehensión, pero, en tanto que exista, la más elemental prudencia exige que se le tenga en cuenta en una cierta medida; la elite en vía de constitución tendrá que hacer mucho para vencer la hostilidad con la que chocará forzosamente por diversos lados, sin aumentarla inútilmente dando lugar a falsas suposiciones que la necedad y la malevolencia combinadas no dejarán de atribuirle; probablemente las habrá de todos modos, pero, cuando se puede preverlas, vale más evitar que se produzcan, si al menos eso es posible sin que entrañe otras consecuencias aún más enojosas. Es por esta razón por lo que no nos parece oportuno apoyarse principalmente sobre el esoterismo islámico; pero, naturalmente, eso no impide que ese esoterismo, siendo de esencia propiamente metafísica, ofrezca el equivalente de lo que se encuentra en las demás doctrinas; así pues, lo repetimos, en todo esto no se trata más que de una simple cuestión de oportunidad, que no se plantea sino porque conviene colocarse en las condiciones más favorables, y que no pone en juego a los principios mismos.

Por lo demás, si tomamos la doctrina hindú como centro del estudio de que se trata eso no quiere decir que entendamos referirnos a ella exclusivamente; al contrario, importa destacar, en su ocasión, y cada vez que las circunstancias se presten a ello, la concordancia y la equivalencia de todas las doctrinas metafísicas. Es menester mostrar que, bajo expresiones diversas, hay concepciones que son idénticas, porque corresponden a la misma verdad; hay incluso a veces analogías tanto más sorprendentes cuanto que recaen sobre puntos muy particulares, y también una cierta comunidad de símbolos entre tradiciones diferentes; se trata de cosas sobre las que no se podría atraer demasiado la atención, y no es hacer «sincretismo» o «fusión» constatar estas semejanzas reales, esta suerte de paralelismo que existe entre todas las civilizaciones provistas de un carácter tradicional, y que no puede sorprender más que a los hombres que no creen en ninguna verdad transcendente, a la vez exterior y superior a las concepciones humanas. Por nuestra parte, no pensamos que civilizaciones como las de la India y de la China hayan debido comunicarse necesariamente entre sí de una manera directa en el curso de su desarrollo; eso no impide que, al lado de diferencias muy claras que se explican por las condiciones étnicas y otras, presenten similitudes destacables; y no hablamos aquí del orden metafísico, donde la equivalencia es siempre perfecta y absoluta, sino de las aplicaciones al orden de las contingencias. Naturalmente, es menester reservar siempre lo que puede pertenecer a la «tradición primordial»; pero, siendo ésta, por definición, anterior al desarrollo especial de las civilizaciones en cuestión, su existencia no les quita nada de su independencia. Por lo demás, es menester considerar a la «tradición primordial» como concerniendo esencialmente a los principios; ahora bien, sobre este terreno, ha habido siempre una cierta comunicación permanente, establecida desde el interior y por arriba, así como lo indicábamos hace un momento; pero eso no afecta tampoco a la independencia de las diferentes civilizaciones. Solamente, cuando uno se encuentra en presencia de algunos símbolos que son los mismos por todas partes, es evidente que es menester reconocer en ellos una manifestación de esa unidad tradicional fundamental, tan generalmente desconocida en nuestros días, y que los «cientificistas» se obstinan en negar como una cosa particularmente molesta; tales encuentros no pueden ser fortuitos, tanto más cuanto que las modalidades de expresión son, en sí mismas, susceptibles de variar indefinidamente. En suma, la unidad, para quien sabe verla, está por todas partes bajo la diversidad; y lo está como consecuencia de la universalidad de los principios: que la verdad se imponga por igual a hombres que no tienen entre sí ninguna relación inmediata, o que se mantengan relaciones intelectuales efectivas entre los representantes de civilizaciones diversas, es siempre por esta universalidad como una y otra cosa se hacen posibles; y, si no fuera asentida conscientemente por algunos al menos, no podría haber acuerdo verdaderamente estable y profundo. Lo que hay de común a toda civilización normal, son los principios; si se perdieran de vista, apenas le quedaría a cada una otra cosa que los caracteres particulares por los que se diferencia de las demás, y las semejanzas mismas devendrían puramente superficiales, puesto que su verdadera razón de ser sería ignorada. No es que se esté absolutamente equivocado al invocar, para explicar algunas semejanzas generales, la unidad de la naturaleza humana; pero ordinariamente eso se hace de una manera muy vaga y completamente insuficiente, y, por lo demás, las diferencias mentales son mucho mayores y van mucho más lejos de lo que podrían suponer los que no conocen más que un solo tipo de humanidad. Esa unidad misma no puede comprenderse claramente y recibir su plena significación sin un cierto conocimiento de los principios, fuera del cual es un poco ilusoria; la verdadera naturaleza de la especie y su realidad profunda son cosas de las que no podría dar cuenta un empirismo cualquiera.

Pero volvamos a la cuestión que nos ha conducido a estas consideraciones: no podría tratarse de ninguna manera de «especializarse» en el estudio de la doctrina hindú, puesto que el orden de la intelectualidad pura es lo que escapa a toda especialización. Todas las doctrinas que son metafísicamente completas son plenamente equivalentes, y podemos decir incluso que son necesariamente idénticas en el fondo; así pues, no hay

Oriente y Occidente

más que preguntarse cuál es la que presenta las mayores ventajas en cuanto a la exposición, y pensamos que, de una manera general, es la doctrina hindú; es por eso, y sólo por eso, por lo que la tomamos como base. No obstante, si ocurre que algunos puntos son tratados por otras doctrinas bajo una forma que nos parezca más asimilable, evidentemente no hay ningún inconveniente en recurrir a ella; esto es también un medio de hacer manifiesta esa concordancia de la que acabamos de hablar. Iremos más lejos: la tradición, en lugar de ser un obstáculo a las adaptaciones exigidas por las circunstancias, ha proporcionado siempre, al contrario, el principio adecuado de todas aquellas que han sido necesarias, y esas adaptaciones son absolutamente legítimas, desde que se mantienen en la línea estrictamente tradicional, es decir, en lo que hemos llamado también la «ortodoxia». Por consiguiente, si se requieren nuevas adaptaciones, lo que es tanto más natural por cuanto se trata de un medio diferente, nada se opone a que se formulen inspirándose para ello en las que existen ya, pero teniendo en cuenta también las condiciones mentales de ese medio, siempre que se hagan con la prudencia y con la competencia requeridas, y que se haya comprendido primero profundamente el espíritu tradicional con todo lo que conlleva; esto es lo que la elite intelectual deberá hacer más pronto o más tarde, para todo aquello de lo que sea imposible recuperar una expresión occidental anterior. Se ve cuán alejado está todo esto del punto de vista de la erudición: la proveniencia de una idea no nos interesa en sí misma, ya que esa idea, desde que es verdadera, es independiente de los hombres que la han expresado bajo tal o cual forma; las contingencias históricas no interfieren en esto. Solamente, como no tenemos la pretensión de haber alcanzado por nuestra cuenta y sin ninguna ayuda las ideas que sabemos que son verdaderas, estimamos que es bueno decir por quién nos han sido transmitidas, tanto más cuanto que así indicamos a otros hacia qué lado pueden dirigirse para encontrarlas igualmente; y, de hecho, es a los orientales exclusivamente a quienes debemos estas ideas. En cuanto a la cuestión de la antigüedad, si no se considera más que históricamente, no tiene tampoco ningún interés capital; es sólo cuando se la vincula a la idea de tradición cuando toma un aspecto diferente, pero entonces, si se comprende lo que es verdaderamente la tradición, esa cuestión se resuelve de una manera inmediata, porque se sabe que todo se encontraba implicado en principio, desde el origen, en lo que es la esencia de la doctrina, y que, desde entonces, no había más que sacarlo por un desarrollo que, por el fondo, sino por la forma, no podría comportar ninguna innovación. Sin duda, una certeza de este género no es apenas comunicable; pero, si algunos la poseen, ¿por qué otros no llegarían también a ella por su propia cuenta, sobre todo si se les proporcionan los medios para ello en toda la medida en que pueden serlo? La «cadena de la tradición» se renueva a veces de una manera bien inesperada; y hay hombres que, creyendo haber concebido espontáneamente ciertas ideas, no obstante han recibido una ayuda que, aunque no haya sido sentida conscientemente por ellos, no ha sido menos eficaz por eso; con mayor razón no debe faltarles una tal ayuda a aquellos que se ponen expresamente en las disposiciones requeridas para obtenerla. Bien entendido, aquí no negamos la posibilidad de la intuición intelectual directa, puesto que pretendemos al contrario que es absolutamente indispensable y que, sin ella, no hay concepción metafísica efectiva; pero es menester estar preparado para ella, y, cualesquiera que sean las facultades latentes de un individuo, dudamos que pueda desarrollarlas sólo por sus medios;

al menos es menester una circunstancia cualquiera que sea la ocasión de este desarrollo. Esta circunstancia, indefinidamente variable según los casos particulares, no es nunca fortuita más que en apariencia; en realidad, es suscitada por una acción cuyas modalidades, aunque escapan forzosamente a toda observación exterior, pueden ser presentidas por aquellos que comprenden que la «posteridad espiritual» es otra cosa que una palabra vana. No obstante, importa decir que los casos de este tipo son siempre excepcionales, y que, si se producen en la ausencia de toda transmisión continua y regular que se efectúe por una enseñanza tradicional organizada (se podrían encontrar algunos ejemplos de ello en Europa, así como en Japón), no pueden suplir nunca enteramente esta ausencia, primero porque son raros y dispersos, y después porque llegan a la adquisición de conocimientos que, cualquiera que sea su valor, no son nunca más que fragmentarios; es menester agregar también que, por eso mismo, no pueden proporcionarles los medios de coordinar y de expresar lo que se concibe de esta manera, y que, en estas condiciones, el provecho de eso permanece casi exclusivamente personal[34]. Eso ya es algo, ciertamente, pero es menester no olvidar que, incluso desde el punto de vista del provecho personal, una realización parcial e incompleta, como la que puede ser obtenida en parecido caso, no es más que un débil resultado en comparación de la verdadera realización metafísica que todas las doctrinas orientales asignan al hombre como su meta suprema (y que, digámoslo de pasada, no tiene nada que ver en absoluto con el «sueño quietista»,

---

[34] Aquí habría que hacer una aproximación con lo que hemos dicho en otra parte a propósito de los «estados místicos»: se trata de cosas, si no idénticas, al menos comparables; sin duda tendremos que volver sobre esto en otras ocasiones.

interpretación extravagante que hemos encontrado en alguna parte, y que no se justifica ciertamente por nada de lo que hemos dicho). Además, allí donde la realización no ha sido precedida de una preparación teórica suficiente, pueden producirse múltiples confusiones, y hay siempre la posibilidad de extraviarse en alguno de esos dominios intermediarios donde no se está protegido contra la ilusión; es sólo en el dominio de la metafísica pura donde se puede tener una tal garantía, que, siendo adquirida de una vez por todas, permite abordar a continuación sin peligro no importa cuál dominio, así como lo hemos indicado precedentemente.

La verdad de los hechos puede parecer casi desdeñable frente a la verdad de las ideas; no obstante, incluso en el orden de las contingencias, hay grados que observar, y hay una manera de considerar las cosas, vinculándolas a los principios, que les confiere una importancia completamente distinta de la que tienen por sí mismas; lo que hemos dicho de las «ciencias tradicionales» debe bastar para hacerlo comprender. No hay necesidad de enredarse en cuestiones de cronología, que son frecuentemente insolubles, al menos por los métodos ordinarios de la historia; pero no es indiferente saber que tales ideas pertenecen a una doctrina tradicional, e incluso que tal manera de presentarlas tiene un carácter igualmente tradicional; pensamos que no es necesario insistir más en ello después de todas las consideraciones que ya hemos expuesto. En todo caso, si la verdad de los hechos, que es lo accesorio, no debe hacer perder de vista la verdad de las ideas, que es lo esencial, se cometería un error negándose a tener en cuenta las ventajas suplementarias que puede aportar, y que, por ser contingentes como ella, no obstante, no siempre son desdeñables. Saber que ciertas ideas nos han sido proporcionadas por los orientales, es una verdad de hecho; pero eso importa menos que comprender estas ideas y reconocer que son verdaderas en sí mismas; y, si nos hubieran venido de otra parte, no veríamos en ello una razón para descartarlas *a priori*; pero, puesto que no hemos encontrado en ninguna parte de Occidente el equivalente de estas ideas orientales, estimamos que conviene decirlo. Ciertamente, se podría lograr un éxito fácil presentando algunas concepciones como si uno las hubiera creado enteramente, y disimulando su origen real; pero esos son procedimientos que no podríamos admitir, y, además, eso equivaldría para nosotros a quitar a esas concepciones su verdadero alcance y su autoridad, ya que así se las reduciría a no ser en apariencia más que una «filosofía», mientras que son algo muy diferente en realidad; tocamos aquí, una vez más, la cuestión de lo individual y de lo Universal, que está en el fondo de todas las distinciones de este género. Pero, por el momento, permanecemos en el terreno de las contingencias: al declarar abiertamente que es en Oriente donde puede obtenerse el conocimiento intelectual puro, y al esforzarse al mismo tiempo en despertar la intelectualidad occidental, se prepara, de la única manera que es eficaz, el acercamiento de Oriente y de Occidente; y esperamos que se haya comprendido porque no debe desdeñarse esta posibilidad, puesto que es a eso a lo que tiende principalmente todo lo que hemos dicho aquí. La restauración de una civilización normal en Occidente puede no ser más que una contingencia; pero, todavía una vez más, ¿es ésta una razón para desinteresarse totalmente de ello, incluso si se es metafísico ante todo? Y, por otra parte, además de la importancia que cosas como ésta tienen en su orden relativo, pueden ser el medio de realizaciones que ya no son del dominio contingente, y que, para todos aquellos que participen en ellas directa o incluso indirectamente, tendrán consecuencias ante las cuales toda cosa transitoria se desvanece y desaparece. Para todo esto hay razones múltiples, de las que las más profundas no son quizás aquellas sobre las que hemos insistido más, porque no podíamos pensar en exponer al presente las teorías metafísicas (e incluso cosmológicas en algunos casos, por ejemplo en lo que concierne a las «leyes cíclicas») sin las cuales no pueden comprenderse plenamente; pero eso tenemos la intención de hacerlo en otros estudios que vendrán a su tiempo. Como lo decíamos al comienzo, no nos es posible explicarlo todo a la vez; pero no afirmamos nada gratuitamente, y tenemos consciencia de tener al menos, a falta de muchos otros méritos, el de no hablar nunca de nada que no conozcamos. Por consiguiente, si hay quienes se sorprenden de algunas consideraciones a las que no están habituados, deberían tomarse la molestia de reflexionar en ellas más atentamente, y quizás se den cuenta entonces de que estas consideraciones, lejos de ser inútiles o superfluas, están precisamente entre las más importantes, o de que lo que les parecía a primera vista que se apartaba de nuestro tema es al contrario lo que se refiere más directamente a él. En efecto, hay cosas que están ligadas entre sí de una manera enteramente diferente de lo que se piensa ordinariamente, y la verdad tiene muchos aspectos que la mayoría de los occidentales no sospechan apenas; así pues, en esta ocasión, temeríamos más bien que parezca que limitamos demasiado las cosas por la expresión que les damos que el hecho de dejar entrever posibilidades vastísimas.

CONCLUSIÓN

Podríamos casi dispensarnos de agregar, a la exposición que precede, una conclusión que nos parece desprenderse bastante claramente de ella, y en la que apenas podríamos hacer otra cosa que repetir, bajo una forma más o menos resumida, un cierto número de consideraciones que ya hemos desarrollado insistiendo en ellas suficientemente como para hacer que se destaque toda su importancia. Pensamos, en efecto, haber mostrado tan claramente y tan explícitamente como ha sido posible cuáles son los principales prejuicios que alejan al presente a Occidente de Oriente; y si le alejan de él es porque son opuestos a la verdadera intelectualidad, que Oriente ha conservado integralmente, mientras que Occidente ha llegado a perder de ella toda noción, por vaga y confusa que sea. Aquellos que han comprendido esto habrán aprehendido igualmente, por eso mismo, el carácter «accidental», en todos los sentidos diversos que posee esta palabra, de la divergencia de Occidente en relación a Oriente; el acercamiento de estas dos partes de la humanidad y el retorno de Occidente a una civilización normal no son, en suma, más que una sola y misma cosa, y es esto lo que constituye el mayor interés de este acercamiento cuya posibilidad hemos considerado para un porvenir más o menos lejano. Lo que llamamos una civilización normal, es una civilización que reposa sobre principios, en el verdadero sentido de este término, y donde todo está ordenado y jerarquizado en conformidad con esos principios, de tal suerte que todo aparece en ella como la aplicación y la prolongación de una doctrina puramente intelectual o metafísica en su esencia; esto es lo que queremos decir cuando hablamos de una civilización tradicional. Por lo demás, que no se vaya a creer que la tradición pueda aportar el menor obstáculo al pensamiento, a menos que se pretenda que impedir que se extravíe sea limitarle, lo que no podemos admitir; ¿es permisible decir que la exclusión del error es una limitación de la verdad? Rechazar imposibilidades, que no son más que una pura nada, no es aportar restricciones a la posibilidad total y universal, necesariamente infinita; el error no es más que una negación, una «privación» en la acepción aristotélica de esta palabra; en tanto que error (ya que pueden encontrarse en él parcelas de verdad incomprendida), no tiene nada de positivo, y es por eso por lo que se le puede excluir sin hacer prueba de espíritu sistemático. La tradición, por el contrario, admite todos los aspectos de la verdad; no se opone a ninguna adaptación legítima; permite, a aquellos que la comprenden, concepciones mucho más vastas que todos los sueños más atrevidos de los filósofos, pero también mucho más sólidas y más válidas; en fin, abre a la inteligencia posibilidades ilimitadas como la verdad misma.

Todo eso resulta inmediatamente de los caracteres del conocimiento metafísico, el único absolutamente ilimitado en efecto, porque es de orden universal; y nos parece oportuno volver aquí sobre la cuestión, que ya hemos tratado en otra parte, de las relaciones de la metafísica y de la lógica[35]. Esta última, puesto que se refiere a las condiciones propias del entendimiento, es algo

---

[35] Introducción general al estudio de las doctrinas hindúes, 2ª parte, cap. VIII.

contingente; es del orden individual y racional, y lo que se llama sus principios, no son tales más que en un sentido relativo; y queremos decir que no pueden ser, como los de las matemáticas o los de cualquier otra ciencia particular, más que la aplicación y la especificación de los verdaderos principios en un dominio determinado. Así pues, la metafísica domina necesariamente a la lógica de igual modo que domina todo lo demás; no reconocerlo, es invertir las relaciones jerárquicas que son inherentes a la naturaleza de las cosas; pero, por evidente que eso nos parezca, hemos debido constatar que en eso hay algo que sorprende mucho a nuestros contemporáneos. Éstos ignoran totalmente lo que es del orden metafísico y «supraindividual», no conocen más que cosas que pertenecen al orden racional, comprendida ahí la «pseudometafísica» de los filósofos modernos; y, en este orden racional, la lógica ocupa efectivamente el primer rango, y todo lo demás le está subordinado. Pero la metafísica verdadera no puede ser más dependiente de la lógica que de cualquier otra ciencia; el error de aquellos que piensan lo contrario proviene de que no conciben el conocimiento más que en el dominio de la razón y no tienen la menor sospecha de lo que es el conocimiento intelectual puro. Esto, ya lo hemos dicho; y hemos tenido cuidado también de hacer observar que sería menester distinguir entre la concepción de verdades metafísicas, que, en sí misma, escapa a toda limitación individual, y su exposición formulada, que, en la medida en que es posible, no puede consistir más que en una suerte de traducción en modo discursivo y racional; por consiguiente, si esta exposición toma una forma de razonamiento, una apariencia lógica e incluso dialéctica, es porque, dada la constitución del lenguaje humano, no se podría decir nada sin eso; pero no se trata más que de una forma exterior, que no afecta de ninguna manera a las verdades en cuestión, puesto que son esencialmente superiores a la razón. Por otra parte, hay dos maneras muy diferentes de considerar la lógica: una es la manera occidental, que consiste en tratarla en modo filosófico, y en esforzarse en vincularla a una concepción sistemática cualquiera; y la otra es la manera oriental, es decir, la lógica constituida como una «ciencia tradicional» y ligada a los principios metafísicos, lo que le da, como a toda otra ciencia, un alcance incomparablemente mayor. Puede ocurrir, ciertamente, que los resultados parezcan prácticamente los mismos en muchos casos, pero la diferencia de los dos puntos de vista no disminuye por eso de ninguna manera; es inconstestable que, por el hecho de que las acciones de diversos individuos se parezcan exteriormente, no se puede concluir que se han llevado a cabo con las mismas intenciones. Y he aquí a donde queremos llegar: la lógica no es, por sí misma, algo que presente un carácter especialmente «filosófico», puesto que existe también allí donde no se encuentra el modo de pensamiento particular al que conviene propiamente esta denominación; si, hasta un cierto punto, y siempre bajo la reserva de lo que contienen de inexpresable, las verdades metafísicas pueden ser revestidas de una forma lógica, es la lógica tradicional, no la lógica filosófica, la que es apta para este uso; ¿y cómo podría ser de otro modo, cuando la filosofía ha devenido tal que no puede subsistir más que a condición de negar la metafísica verdadera? Por esta explicación se ve cómo comprendemos la lógica: si empleamos una cierta dialéctica, sin la cual no nos sería posible hablar de nada, esto no se nos puede reprochar como una contradicción, ya que, para nosotros, no se trata de hacer filosofía. Por lo demás, incluso cuando se trata especialmente de refutar las concepciones de los filósofos, se puede tener la seguridad de que siempre sabemos conservar las distancias exigidas por la diferencia de los puntos de vista: no nos colocamos sobre el mismo terreno, como lo hacen aquellos que critican o combaten a una filosofía en nombre de otra filosofía; lo que decimos, lo decimos porque las doctrinas tradicionales nos han permitido comprender la absurdidad o la inanidad de algunas teorías, y, cualesquiera que sean las imperfecciones que aportemos inevitablemente (y que no deben imputarse más que a nosotros mismos), el carácter de estas doctrinas es tal que nos prohibe todo compromiso. Lo que tenemos en común con los filósofos, no puede ser más que la dialéctica; pero, en nosotros, ésta no es más que un instrumento al servicio de principios que ellos ignoran; así pues, esta semejanza misma es completamente exterior y superficial, como la que se puede constatar a veces entre los resultados de la ciencia moderna y los de las «ciencias tradicionales». A decir verdad, en esto no tomamos tampoco los métodos de los filósofos, ya que estos métodos, en lo que tienen de válido, no les pertenecen en propiedad, sino que representan simplemente algo que es la posesión común de todos los hombres, incluso de aquellos que están más alejados del punto de vista filosófico; la lógica filosófica no es más que un empequeñecimiento de la lógica tradicional, y ésta tiene la prioridad sobre aquélla. Si insistimos aquí sobre esta distinción que nos parece esencial, no es por nuestra satisfacción personal, sino porque importa mantener el carácter transcendente de la metafísica pura, y porque todo lo que procede de ésta, incluso secundariamente y en un orden contingente, recibe como una participación de ese carácter, que hace de ello algo muy diferente de los conocimientos puramente «profanos» del mundo occidental. Lo que caracteriza a un género de conocimiento y le diferencia de los demás, no es sólo su objeto, sino sobre todo la manera en que se considera ese objeto; y es por eso por lo que cuestiones que, por su naturaleza, podrían tener un cierto alcance metafísico, le pierden enteramente cuando se encuentran incorporadas a un sistema filosófico. Pero la distinción de la metafísica y de la filosofía, que no obstante es fundamental, y que no se debe olvidar nunca si se quiere comprender algo de las doctrinas de Oriente (puesto que sin ella no se puede escapar al peligro de las falsas asimilaciones), es tan inusitada para los occidentales que muchos no pueden llegar a aprehenderla: ¡tanto es así que hemos tenido la sorpresa de ver afirmar aquí y allá que habíamos hablado de la «filosofía hindú», mientras que nos habíamos aplicado precisamente a mostrar que lo que existe en la India es algo muy diferente de la filosofía! Tal vez ocurra también lo mismo con lo que acabamos de decir sobre el tema de la lógica, y, a pesar de todas nuestras precauciones, no nos sorprendería que, en algunos medios, se nos acuse de «filosofar» contra la filosofía, mientras que lo que hacemos en realidad es algo completamente diferente. Si exponemos por ejemplo una teoría matemática, y si a alguien le agrada llamarla «física», no tendríamos, ciertamente, ningún medio de impedírselo, pero todos aquellos que conocen la significación de las palabras sabrían bien lo que deben pensar de ello; aunque aquí se trate de nociones menos corrientes, los errores que intentamos prevenir son bastante comparables a éste. Si hay quienes se sienten tentados de formular algunas críticas basadas sobre semejantes confusiones, les advertimos que les llevarían a conclusiones falsas, y, si llegamos a ahorrarles así algunos errores, nos sentiríamos muy afortunados por ello; pero no podemos hacer nada más, ya que no está en nuestro poder, ni en el de nadie, dar la comprehensión a aquellos que no tienen en sí mismos los medios para ello. Así pues, si esas críticas mal fundadas se producen a pesar de todo, tendremos el derecho a no tenerlas en cuenta; pero, por el contrario, si nos apercibimos de que no hemos marcado aún algunas distinciones con una claridad suficiente, volveremos sobre ello hasta que el equívoco ya no sea posible, o que al menos no pueda ser atribuido más que a una ceguera incurable o a una evidente mala fe.

Ocurre lo mismo en lo que concierne a los medios por los que Occidente podrá acercarse a Oriente volviendo a la verdadera intelectualidad: creemos que las consideraciones que hemos expuesto en el presente estudio son apropiadas para disipar muchas confusiones a este respecto, así como sobre la manera en que consideramos el estado ulterior del mundo occidental, tal como sería si las posibilidades que tenemos en vista llegaran a realizarse un día. No obstante, no podemos tener evidentemente la pretensión de prever todos los malentendidos; si se presentan algunos que tengan una importancia real, siempre nos esforzaremos en disiparlos igualmente, y lo haremos tanto más gustosamente cuanto que eso puede ser una excelente ocasión para precisar nuestro pensamiento sobre algunos puntos. En todo caso, no nos dejaremos desviar nunca de la línea que nos es trazada por todo lo que hemos comprendido gracias a las doctrinas tradicionales de Oriente; nos dirigimos a aquellos que pueden y quieren comprender a su vez, cualesquiera que sean y de dondequiera que vengan, pero no a aquellos a quienes el obstáculo más insignificante o más ilusorio basta para detenerlos, que tienen fobia de algunas cosas o de algunas palabras, o que se creerían perdidos si les aconteciera traspasar algunas limitaciones convencionales y arbitrarias. En efecto, no vemos qué partido podría sacar la elite intelectual de la colaboración de esos espíritus temerosos e inquietos; aquel que no es capaz de mirar toda la verdad de frente, aquel que no se siente con la fuerza de penetrar en la «gran soledad», según la expresión consagrada por la tradición extremo oriental (expresión de la que la India tiene también su equivalente), ese no podría ir muy lejos en este trabajo metafísico del que hemos hablado, y del que todo lo demás depende estrictamente. Parece que hubiera, en algunos, como una toma de partido por la incomprehensión; pero, en el fondo, no creemos que aquellos que tienen posibilidades intelectuales verdaderamente extensas estén sujetos a esos vanos terrores, ya que están lo suficientemente bien equilibrados como para tener, casi instintivamente, la seguridad de que no correrán nunca el riesgo de ceder a ningún vértigo mental; esta seguridad, es menester decirlo, no está plenamente justificada mientras no hayan alcanzado un cierto grado de desarrollo efectivo, pero sólo el hecho de poseerla, incluso sin darse cuenta de ello muy claramente, les da ya una ventaja considerable. En esto no queremos hablar de aquellos que tienen en sí mismos una confianza más o menos excesiva; aquellos a los que nos referimos ponen en realidad, incluso si no lo saben todavía, su confianza en algo más elevado que su individualidad, porque presienten de alguna manera esos estados superiores cuya conquista total y definitiva puede ser obtenida por el conocimiento metafísico puro. En cuanto a los demás, aquellos que no se atreven a ir ni demasiado alto ni demasiado bajo, es porque no pueden ver más allá de ciertos límites, fuera de los cuales ya no saben distinguir lo superior y lo inferior, lo verdadero y lo falso, lo posible y lo imposible; se imaginan que la verdad debe ser a su medida y atenerse a un nivel medio, se encuentran cómodos en los cuadros del espíritu filosófico, y, aunque hayan asimilado algunas verdades parciales, no podrían servirse nunca de ellas para extender indefinidamente su comprehensión; ya se deba a su propia naturaleza o sólo a la educación que han recibido, la limitación de su «horizonte intelectual» es en adelante irremediable, de suerte que su partidismo, si lo hay, es verdaderamente involuntario, si no completamente inconsciente. Entre éstos, los hay ciertamente que son víctimas del medio donde viven, y esto es lo más deplorable; sus facultades, que habrían podido tener la ocasión de desarrollarse en una civilización normal, han sido al contrario atrofiadas y comprimidas hasta la aniquilación; y, siendo lo que es la educación moderna, se puede llegar a pensar que los ignorantes son aquellos que tienen más posibilidades de haber guardado intactas sus aptitudes intelectuales. En comparación con las deformaciones mentales que son el efecto ordinario de la falsa ciencia, la ignorancia pura y simple nos parece verdaderamente como un mal menor; y, aunque ponemos el conocimiento por encima de todo, eso no es por nuestra parte una paradoja ni una inconsecuencia, ya que, a nuestros ojos, el único conocimiento verdaderamente digno de este nombre difiere enteramente del que cultivan los occidentales modernos. Y que no se nos reproche, sobre este punto o sobre otros, una actitud demasiado intransigente; esta actitud nos es impuesta por la pureza de la doctrina, por lo que hemos llamado la «ortodoxia» en el sentido intelectual; y, por lo demás, al estar exenta de todo prejuicio, no puede conducirnos nunca a ser injusto al respecto de nada. Admitimos toda la verdad, bajo cualquier aspecto que se presente; pero, al no ser ni escéptico ni ecléctico, no podemos admitir nada más que la verdad.

Sabemos bien que nuestro punto de vista no es de aquellos donde uno se coloca habitualmente en Occidente, y que, por consiguiente, puede ser bastante difícil de comprender al primer intento; pero no hay que decir que no pedimos a nadie que lo adopte sin examen. Lo que queremos, es sólo incitar a la reflexión a aquellos que todavía son capaces de ello; cada uno comprenderá lo que pueda, y, por poco que sea, siempre será algo; por lo demás, suponemos que habrá algunos que irán más lejos. Lo que hemos hecho nós mismo, no hay razón, en suma, para que otros no lo hagan también; en el estado actual de la mentalidad occidental, no serán sin duda más que excepciones, pero basta que se encuentren tales excepciones, incluso poco numerosas, para que nuestras previsiones estén justificadas y para que las posibilidades que indicamos sean susceptibles de realizarse más pronto o más tarde. Por lo demás, todo lo que haremos y diremos tendrá como efecto dar, a los que vengan después, facilidades que no hemos encontrado por nuestra propia cuenta; en esto como en otras cosas, lo más penoso es comenzar el trabajo, y el esfuerzo a realizar debe ser tanto más grande cuanto más desfavorables son las condiciones. Que la creencia en la «civilización» esté más o menos debilitada en gentes que no hace mucho no se hubieran atrevido a discutirla, que el «cientificismo» esté actualmente en declive en algunos medios, son circunstancias que quizás puedan ayudarnos un poco, porque de ello resulta una suerte de incertidumbre que permite a los espíritus comprometerse sin tanta resistencia a vías diferentes; pero eso es todo lo que nos es posible decir al respecto, y las tendencias nuevas que hemos constatado hasta aquí no son más alentadoras que las que intentan suplantar. Racionalismo o intuicionismo, positivismo o pragmatismo, materialismo o espiritualismo, «cientificismo» o «moralismo», son cosas, que, desde nuestro punto de vista, valen exactamente lo mismo; no se gana nada pasando de la una a la otra, y, mientras uno no se haya librado enteramente de ellas, no se habrá dado el primer paso en el dominio de la verdadera intelectualidad. Tenemos que declararlo expresamente, como tenemos que repetir una vez más que todo estudio de las doctrinas orientales emprendido «desde el exterior» es perfectamente inútil para la meta que tenemos en vista; lo que se trata tiene alcance muy diferente y es de un orden mucho más profundo.

Finalmente, haremos observar a nuestros contradictores eventuales que, si nos sentimos en condición de apreciar con plena independencia las ciencias y las filosofías de Occidente, es porque tenemos consciencia de no deberles nada; lo que somos intelectualmente, se lo debemos sólo a Oriente, y así no tenemos detrás de nosotros nada que sea susceptible de molestarnos lo más mínimo. Si hemos estudiado la filosofía, lo hemos hecho en un momento en que nuestras ideas estaban ya completamente fijadas sobre todo lo esencial, lo que es probablemente el único medio de no recibir de ese estudio ninguna influencia enojosa; y lo que hemos visto entonces no ha hecho más que confirmar muy exactamente todo lo que pensábamos anteriormente al respecto de la filosofía. Sabíamos que no teníamos que esperar ningún beneficio intelectual de ella; y, de hecho, la única ventaja que hemos sacado, es darnos cuenta mejor de las precauciones necesarias para evitar las confusiones, y de los inconvenientes que puede haber en emplear algunos términos que conllevan el riesgo de hacer nacer equívocos. Se trata de cosas de las que los orientales, a veces, no desconfían lo suficiente; y, en este orden, hay muchas dificultades de expresión que no habríamos podido sospechar antes de tener la ocasión de examinar más de cerca el lenguaje especial de la filosofía moderna, con todas sus incoherencias y todas sus sutilezas inútiles. Pero esta ventaja no lo es más que para la exposición, en el sentido de que, al forzarnos a introducir complicaciones que no tienen nada de esencial, eso nos permite prevenir numerosos errores de interpretación que cometerían muy fácilmente aquellos que tienen el hábito exclusivo del pensamiento occidental; para nosotros personalmente, no es en modo alguno una ventaja, puesto que eso no nos procura ningún saber real. Si decimos estas cosas, no es para citarnos como ejemplo, sino para aportar un testimonio cuya sinceridad al menos no podrán ponerla en tela de juicio aquellos que no compartan en absoluto nuestra manera de ver; y, si insistimos más particularmente sobre nuestra independencia absoluta frente a todo lo que es occidental, es porque eso puede contribuir también a hacer comprender mejor nuestras verdaderas intenciones. Pensamos tener el derecho a denunciar el error por todas partes donde se encuentre, según juzguemos oportuno hacerlo; pero hay querellas en las que no queremos vernos mezclados a ningún precio, y estimamos no tener que tomar partido por tal o cual concepción occidental; lo que se puede encontrar de interesante en algunas de éstas, estamos enteramente dispuestos a reconocerlo con toda imparcialidad, pero no hemos visto nunca en ellas nada más que una pequeña parte de lo que ya conocíamos en otros ámbitos, y, allí donde las mismas cosas son consideradas de maneras diferentes, la comparación no ha sido nunca ventajosa para los puntos de vista occidentales. No es sino después de haberlas reflexionado largamente cuando nos hemos decidido a exponer consideraciones como las que forman el objeto de la presente obra, y hemos indicado por qué nos ha parecido necesario hacerlo antes de desarrollar concepciones que tienen un carácter más propiamente doctrinal, de manera que el interés de éstas últimas pueda aparecer así a gentes que, de otro modo, no les hubieran prestado una atención suficiente, al no estar preparados de ninguna manera para ello, y que pueden no obstante ser perfectamente capaces de comprenderlas.

En un acercamiento a Oriente, el Occidente lo tiene todo por ganar; si Oriente tiene también algún interés en ello, no es un interés del mismo orden, ni de una importancia comparable, y eso no bastaría para justificar la menor concesión sobre las cosas esenciales; por lo demás, nada podría anteponerse a los derechos de la verdad. Mostrar a Occidente sus defectos, sus errores y sus insuficiencias, no es testimoniarle hostilidad, bien al contrario, puesto que es la única manera de remediar el mal del que sufre, y del que puede morir si no se recupera a tiempo. La tarea es ardua, ciertamente, y no exenta de sinsabores; pero poco importa, si se está convencido de que es necesaria; que algunos comprendan que lo es verdaderamente, eso es todo lo que deseamos. Por lo demás, cuando se ha comprendido esto, uno ya no puede detenerse ahí, de igual modo que, cuando se han asimilado algunas verdades, ya no pueden perderse de vista ni negarse a aceptar todas sus consecuencias; hay obligaciones que son inherentes a todo verdadero conocimiento, y frente a las cuales todos los compromisos exteriores aparecen vanos e irrisorios; estas obligaciones, precisamente porque son puramente interiores, son las únicas de las que uno no puede librarse nunca. Cuando se tiene por sí mismo el poder de la verdad, aunque no haya nada más para vencer los obstáculos más temibles, ya no puede ceder al desanimo, ya que este poder es tal que nada podría prevalecer finalmente contra él; y sólo pueden dudar de esto aquellos que no saben que todos los desequilibrios parciales y transitorios deben concurrir necesariamente al gran equilibrio total del Universo.

ADDENDUM

Nadie pensará en contestar que, desde que se escribió este libro[36], la situación ha devenido peor que nunca, no solamente en Occidente, sino en el mundo entero, lo que, por lo demás, era la única cosa que cabría esperar a falta de un restablecimiento del orden en el sentido que hemos indicado, y, por otra parte, no hay que decir que no hemos supuesto nunca que un tal restablecimiento habría podido efectuarse en un plazo tan corto. Por ello no es menos cierto que el desorden ha ido agravándose más rápidamente aún de lo que habría podido preverse, e importa tenerlo en cuenta, aunque eso no cambia en nada las conclusiones que hemos formulado.

En Occidente, el desorden en todos los dominios ha devenido tan evidente que cada vez son más numerosos aquellos que comienzan a poner en duda el valor de la civilización moderna. Pero, aunque eso sea, en una cierta medida, un signo bastante favorable, el resultado así alcanzado no por ello permanece menos puramente negativo; muchos emiten críticas excelentes sobre el presente estado de cosas, pero no saben exactamente qué remedio aplicarle, y nada de lo que sugieren rebasa la esfera de las contingencias, de suerte que todo eso es manifiestamente sin ninguna eficacia. No podemos más que repetir que el único remedio verdadero consiste en una restauración de la pura

---

[36] 1924.

intelectualidad; desgraciadamente, desde este punto de vista, las posibilidades de una reacción que venga de Occidente mismo parecen disminuir cada día más, ya que lo que subsiste como tradición en Occidente está cada vez más afectado por la mentalidad moderna, y por consiguiente es tanto menos capaz de servir de base sólida a una tal restauración, de suerte que, sin descartar ninguna de las posibilidades que puedan existir todavía, parece más verosímil que nunca que Oriente tenga que intervenir más o menos directamente, de la manera que hemos explicado, si esta restauración debe realizarse algún día.

Por otra parte, en lo que concierne a Oriente, convenimos en que los estragos de la modernización se han extendido considerablemente, al menos exteriormente; en las regiones que la habían resistido más largamente, el cambio parece ir en adelante a una marcha acelerada, y la India misma es un ejemplo sorprendente de ello. No obstante, nada de todo eso alcanza todavía el corazón de la Tradición, que es lo único que importa desde nuestro punto de vista, y sería sin duda un error dar una importancia demasiado grande a apariencias que no pueden ser más que transitorias; en todo caso, basta con que el punto de vista tradicional, con todo lo que implica, se preserve enteramente en Oriente en algún reducto inaccesible a la agitación de nuestra época. Además, es menester no olvidar que todo lo que es moderno, incluso en Oriente, no es en realidad nada más que la marca de una usurpación de la mentalidad occidental; el Oriente verdadero, el único que merece verdaderamente este nombre, es y será siempre el Oriente tradicional, aunque sus representantes se vieran reducidos a no ser allí más que una minoría, lo que, todavía hoy, está lejos de ser el caso. Es éste el único Oriente que tenemos en vista, de igual modo que cuando hablamos de Occidente, tenemos en vista la mentalidad occidental, es decir, la mentalidad moderna y antitradicional, dondequiera que se pueda encontrar, desde que consideramos ante todo la oposición de estos dos puntos de vista y no simplemente la de dos términos geográficos.

Finalmente, aprovecharemos esta ocasión para agregar que nos inclinamos más que nunca a considerar que el espíritu tradicional, en cuanto a todo aquello que está todavía vivo, permanece intacto únicamente en sus formas orientales. Si Occidente posee todavía en sí mismo los medios de regresar a su tradición y de restaurarla plenamente, es a él a quien pertenece probarlo. En la espera, estamos obligados a declarar que hasta aquí no hemos percibido el menor indicio que nos autorice a suponer que Occidente, librado a sí mismo, sea realmente capaz de llevar a cabo esta tarea, con la fuerza que impone la idea de su necesidad.

René Guénon

Otros libros de René Guénon

Omnia Veritas Ltd presenta:

RENÉ GUÉNON

EL ERROR ESPIRITISTA

En nuestra época hay muchas otras "contraverdades" que es bueno combatir...

Entre todas las doctrinas "neoespiritualistas", el espiritismo es ciertamente la más extendida

OMNIA VERITAS LTD PRESENTA:

RENÉ GUÉNON

EL REINO DE LA CANTIDAD Y LOS SIGNOS DE LOS TIEMPOS

« Porque todo lo que existe de alguna manera, incluso el error, necesariamente tiene su razón de ser »

... y el desorden en sí mismo debe encontrar su lugar entre los elementos del orden universal

Omnia Veritas Ltd presenta:

RENÉ GUÉNON

APERCEPCIONES SOBRE LA INICIACIÓN

«A menudo nos concentramos en los errores y confusiones que se hacen sobre la iniciación...»

Somos conscientes del grado de degeneración al que ha llegado el Occidente moderno ...

OMNIA VERITAS LTD PRESENTA:

RENÉ GUÉNON
EL TEOSOFISMO
HISTORIA DE UNA SEUDORELIGIÓN

"Nuestra meta, decía entonces Mme Blavatsky, no es restaurar el hinduismo, sino barrer al cristianismo de la faz de la tierra"

El término teosofía sirvió como una denominación común para una variedad de doctrinas

Omnia Veritas Ltd presenta:

RENÉ GUÉNON
INICIACIÓN
Y
REALIZACIÓN ESPIRITUAL

« Necedad e ignorancia pueden reunirse en suma bajo el nombre común de incomprensión »

La gente es como un "reservorio" desde el cual se puede disparar todo, lo mejor y lo peor

OMNIA VERITAS LTD PRESENTA:

RENÉ GUÉNON
INTRODUCCIÓN GENERAL AL ESTUDIO DE LAS DOCTRINAS HINDÚES

« Muchas dificultades se oponen, en Occidente, a un estudio serio y profundo de las doctrinas orientales »

... este último elemento que ninguna erudición jamás permitirá penetrar

Omnia Veritas Ltd presenta:

RENÉ GUÉNON

APERCEPCIONES SOBRE LA INICIACIÓN

«A menudo nos concentramos en los errores y confusiones que se hacen sobre la iniciación...»

Somos conscientes del grado de degeneración al que ha llegado el Occidente moderno ...

Omnia Veritas Ltd presenta:

RENÉ GUÉNON

LA GRAN TRÍADA

«En todo ternario tradicional, cualesquiera que sea, se quiere encontrar un equivalente más o menos exacto de la Trinidad cristiana»

se trata muy evidentemente de un conjunto de tres aspectos divinos

Omnia Veritas Ltd presenta:

RENÉ GUÉNON

LOS ESTADOS MÚLTIPLES DEL SER

«Según la significación etimológica del término que le designa, el Infinito es lo que no tiene límites»

La noción del Infinito metafísico en sus relaciones con la Posibilidad universal

Omnia Veritas Ltd presenta:

RENÉ GUÉNON

ESTUDIOS SOBRE LA FRANCMASONERIA Y EL COMPAÑERAZGO

«Entre los símbolos usados en la Edad Media, además de aquellos de los cuales los Masones modernos han conservado el recuerdo aun no comprendiendo ya apenas su significado, hay muchos otros de los que ellos no tienen la menor idea.»

la distinción entre "Masonería operativa" y "Masonería especulativa"

OMNIA VERITAS LTD PRESENTA:

RENÉ GUÉNON

SÍMBOLOS DE LA CIENCIA SAGRADA

« Este desarrollo material ha sido acompañado de una regresión intelectual, que ese desarrollo es harto incapaz de compensar »

¿Qué importa la verdad en un mundo cuyas aspiraciones son únicamente materiales y sentimentales?

OMNIA VERITAS LTD PRESENTA:

RENÉ GUÉNON

APRECIACIONES SOBRE EL ESOTERISMO CRISTIANO

« Este cambio convirtió al cristianismo en una religión en el verdadero sentido de la palabra y una forma tradicional ... »

Las verdades esotéricas estaban fuera del alcance del mayor número...

www.omnia-veritas.com

www.ingramcontent.com/pod-product-compliance
Lightning Source LLC
Chambersburg PA
CBHW050141170426
43197CB00011B/1915